본서를 선물 받으신 분은

5번 읽으십시오.

50명에게 전하십시오.

<u>   </u> 불자님께

<u>서기 20</u> <u>   </u> 년 <u>   </u> 월 <u>   </u> 일

<u>   </u> 드림

삼 귀 의

귀의하와 바라오니 모든중생
큰이치 이해하고 위없는맘 내어지이다

법보에게 귀의하와 바라오니 모든중생
삼장속에 깊이들어 큰지혜 얻어지이다

승가에게 귀의하와 바라오니 모든중생
많은대중 통솔해 온갖장애 없어지이다
거룩하신 모든 성중에게 예경하나이다

극락에 간 반려동물 이야기

동물왕생불국기

動 物 往 生 佛 國 記

정종법사 지음
정전스님 번역

비움과소통

머 리 말

꿈틀거리며 움직이는 모든 생명에게는 전부 불성이 있어서 좋은 강연好强緣을 만나면 모두 성불할 수 있다. 이른바 '좋은 강연'이란, 아미타불의 구제를 말하는 것인데, 저 부처님은 일찍이 다음과 같이 발원하셨다.

날아다니거나 기어 다니는 곤충 부류까지 나의 이름을 듣고 자비심을 내어 환희용약하는 이가 있다면 모두 나의 나라에 왕생하게 되리라.

삼악도 중의 지옥·아귀·축생들이 모두 나의 나라에 태어나 나의 교화를 받고 머지않아 전부 부처가 되리라.

만약 삼악도의 중생을 말한다면, 지옥과 아귀도는

항상 유명계에 있어서 인간세상과의 교섭이 드물지만, **축생만은 인간들과 뒤섞여 살면서 인간들에 대한 공헌이 가장 크면서도 사람으로부터 받은 박해는 가장 심하다.** 전 세계 인류는 자신들의 탐욕을 채우기 위해 함부로 축생들을 죽이고 있는데, 하루에도 몇 만억에 달하는지도 모른다. 그래서 수많은 동물들이 멸종위기에 처하였고, 전염병이 창궐하며, 세상이 편안할 날이 드물고 사람들에게 불길한 재난들이 많이 생기는 지경까지 이르렀다.

이는 모두 인과를 믿지 않고 염불을 믿지 않은 소치이다. 만약 저들이 비록 축생이지만 불성은 나와 평등하고, 무량한 윤회 가운데 혹 나의 부모였을 수도 있고 염불법을 만난다면 역시 성불할 수 있다는 것을 진실로 믿는다면 어떻게 감히 살생할 수 있겠는가!

이에 축생들이 불국토에 왕생한 사례 스무네 편과 사람이 죽어서 축생으로 환생한 사례 몇 편을 모아서 기록하오니, 독자 분들께서 모두 바른 믿음을 내시기 바란다.

첫째, 인과가 헛되지 않음을 믿고서 악업을 삼가고 두려워해야 한다.

둘째, 부처님의 원력이 허망하지 않음을 믿고서 환희용약하며 염불해야 한다. 어리석은 축생들조차 왕생할 수 있는데, 영지靈知의 마음을 갖고 있는 인류라면 더더욱 의심할 필요가 없다.

셋째, 불성이 평등함을 믿고서 널리 자비를 실천해야 한다. 모든 생명을 사랑하고 아껴서 감히 살해할 마음을 내지 않으며, 만약 살생하는 인연을 만났을 땐 방편으로 구호해주고 아울러 염불을 해

주면서 그들을 구제하여 불국토에 왕생하도록 부
처님께 기도해야 할 것이다.

사람은 그 목숨을 사랑하느니라.
동물 역시 그 목숨을 사랑하느니라.
방생(放生)은 하늘 마음에 부합하는 일.
방생은 부처님 말씀에 순종하는 일.
방생을 하면 목숨이 길어지고
방생을 하면 가문에 즐거운 일 있으며
방생을 하면 자손(子孫)이 번창하고
방생을 하면 질병이 적어지고
방생과 살생은 그 인과가 뚜렷하느니라
- 감산대사(明나라 때 등신불)

목 차

동물왕생불국기

1.
돼지를 위해 염불하자
돼지가 왕생하다

저는 중국 호북성 잠강시 어양진 쾌령촌(湖北省 潛江市 漁洋鎭 快嶺村)에서 살고 있으며, 마을 입구에서 이발소를 열고 있습니다. 저희 집 근처에 도살장이 하나 있는데, 제가 매일 아침 일어나서 염불할 때면, 저 돼지들이 도살 당하면서 지르는 비참한 비명소리에 마음이 매우 괴로웠습니다. 그래서 그들을 구제해주고 싶어서 매일 염불할 때 한 생각을 내어 저 돼지들이 구제되기를 바랐습니다.

대략 한 주 정도 지나서 저의 제자 이홍송李洪松(벙어리인데, 몇 년간 농아학교를 다녔었고 음계陰界의 물건들을 볼 수 있었다. 그는 나에게서 이발기술을 배우고는 혼자서 이발소를 차렸다)이 싱글

벙글 웃으며 저희 집에 와서 저를 향해 손짓을 하는 것이었습니다. 그는 두 손을 귀에다 대고 돼지 흉내를 내더니, 또 두 손을 위로 바르게 펴고는 연꽃의 형상을 보였습니다. 그리고 다시 손가락으로 서쪽을 가리키면서 돼지가 서방으로 갔다고 하였습니다.

식탁 위에 육류가 올라온 경우를 만났을 때 혹 입으로 칭념을 하거나 아니면 마음속으로 묵묵히 아미타불을 불러서 그 공덕을 도살 당하여 불에 구워지고 삶겨진 중생들에게 준다면, 그들의 고통과 분노하고 원망하는 마음을 줄일 수 있고, 나아가 극락정토에 왕생하도록 천도시킬 수도 있다.
-정종법사

이 말을 들은 저는 감동도 되고 놀랍기도 해서 정확히 알고자 그와 함께 손짓을 하기 시작했습니다. 제가 제자에게 도대체 어떻게 된 일이냐고 묻자 그는 제가 염불하여 돼지들을 천도했다는 것이었습니다. 그래서 다시 그에게 돼지들이 어떻게 갔냐고 물었더니 돼지의 모습을 흉내 내고는 다시 합장하는 모습을 하고, 또 연꽃이 돼지들을 서방으로 데려갔다는 손짓을 하였습니다.

그래서 다시 집에서 염불을 했는데 돼지들이 어떻게 들을 수 있었냐고 물었더니 그는 '나무아미타불' 여섯 자를 가리키면서 손짓으로 내가 염불할 때 아주 강한 금색 광명이 마치 용의 형상처럼 나오더라는 것이었습니다. 또 제가 알아듣지 못할까 봐 종이에다 '광光'자와 '용龍'자를 써 주고는 손짓으로 제가 이 명호를 부를 때에 용과 같은 빛줄기가 끊임없이 도살장을 향해 발사되었다고 하였습니다.

그의 말이 사실인지 검증하기 위해 제가 마음속으로 염불하는 것을 지켜봐달라고 했습니다. 그리고는 머릿속으로 시방을 생각하면서 염불하기 시작했습니다. 잠시 지켜보던 그는 여덟 방향으로 나오는 광명이 마치 여덟 마리 금색 용의 형상과 같았다고 손짓했습니다. 나무아미타불의 성호聖號가 여덟 방향으로 끊임없이 퍼져나갔다는 것이었습니다. 제가 다시 도대체 방향이 몇 개나 되냐고 거듭 물었더니 그는 틀림없이 여덟 방향이 있었다고 대답했습니다. 그 후로 저는 매일 저 돼지들을 위해 염불할 뿐만 아니라 허공법계에 가득한 인연 있는 중생들을 위해 염불하겠다고 맹세했습니다.

진서법陳緒法 기록, 2004년 6월

2.
오리를 위해 염불하자
연꽃에 올라 왕생하다

나무아미타불! 저는 불교를 믿은 지 오래되지 않았고, 정식으로 불법을 배우기 시작한 것은 일 년 남짓 밖에 안 됐습니다. 매일 아침 시장에 장을 보러 갈 때 저는 항상 '나무아미타불'을 불렀습니다. 왜냐하면 육자홍명六字洪名의 공덕이 불가사의하여 모든 중생들로 하여금 이고득락離苦得樂하게 한다는 것을 알고 있었기 때문입니다.

저는 현재 인연이 되어 채식을 하고 있지만 저희 가족들은 불교를 믿지도, 불법을 배우지도 않았기 때문에 여전히 육식을 하려고 합니다. 그래서 그들을 수순하기 위해 저는 자주 생선과 육류(삼정육)를 사다가 먹여야만 했습니다.

2009년 7월 6일 아침, 저는 또 시장에 장을 보러 갔습니다. 이번에 오리 머리와 오리 날개·오리 발 몇 개를 사고는 집으로 돌아가는 길에 줄곧 그들에게 육자명호를 불러주었습니다.

집에 돌아온 뒤, 대략 9시쯤 되어서 오리들에게 법문을 해주었습니다.

"(오리)보살님, 저를 따라 함께 한 번에서 열 번 정도 부처님의 명호를 부르시고 아미타불의 영접을 받아서 극락왕생 하세요. 더 이상 이 육신에 대해 미련을 갖지 마십시오. 서방극락세계야말로 당신의 진정한 집입니다. 나무아미타불! 나무아미타불! 나무아미타불!……"

이렇게 열 번 염불을 하고 난 후, 이어서 '서방접인 아미타불'을 열 번 부르면서 아미타불께서 그들을 서방극락세계로 영접해 가시길 기도했습니다.

환희심을 내어 염불을 하고 있던 저는 어느새 두

눈을 감아버렸습니다. 세 번째 '서방접인 아미타불'을 부르고 있을 때, 갑자기 제 눈앞에 분홍색의 연꽃이 나타나더니 하얀 오리 한 마리가 연꽃 위에 아주 편안하게 앉아있는 것이었습니다. 이때 저는 정말로 불가사의하다는 것을 느꼈습니다! 이 오리가 연꽃 위에 앉아서 왕생한 것입니다! 저의 염불소리는 점점 더 커졌으며 점점 더 기뻤습니다. 나무아미타불! 이 오리가 죽음을 당한 것은 매우 고통스런 일이었지만 지금은 '나무아미타불'의 공덕으로 왕생성불 하러 가셨습니다. 나무아미타불!

이번에 오리가 왕생한 사건은 저로 하여금 다시 한 번 직접 아미타불의 원력이 진실하여 허망하지 않음을 증명하게 되었습니다.

"만약 내가 부처가 될 적에, 시방중생들이 나의 명호를 부르되 적게는 열 번을 불렀음에도 불구하고 왕생할 수 없다면 성불하지 않겠다."

저부처님은 지금 현재 극락세계에서 부처가 되셨으니, 마땅히 본래 맹세하신 크신 서원이 헛되지 않아 중생들이 칭념하면 반드시 왕생함을 알라!

감은感恩 나무아미타불! 나무아미타불!

호남 연우: 성사聖思 구술, 불후佛煦 정리,
2009년 9월 8일

3.
닭을 위해 염불하자
부처님께서 닭을 내영하다

저희 처형의 딸, 다시 말해 저희 작은 조카딸은 어릴 적부터 남들이 볼 수 없는 것들을 볼 수 있었습니다. 1997년 제 아들이 막 출생할 무렵, 겨우 한 살 남짓밖에 안 되던 조카가 장모님과 함께 저희 집에서 한 달 정도 머물게 되었습니다.

어느 날, 집사람이 조카가 혼자서 뛰어노는 것을 보고서 뭐하냐고 물었더니 "동생하고 놀고 있어요." 라고 대답했답니다. 집사람이 주변을 둘러보니 아무도 없기에 다시 "동생이 어디에 있니?" 라고 물었더니, "둘째 고모의 뱃속에 있자나요." 라고 답했답니다.

조카딸의 집 근처에 있는 임산부들은 뱃속에 들어

있는 애가 남자인지 여자인지는 조카가 말만하면 정확히 맞췄답니다. 여러 번 말했지만 매번 맞았답니다. 그래서 어른들이 자주 조카딸한테 물었다고 합니다. 저희 애도 조금은 볼 수 있었습니다.

모든 동물들에 대해 자비심이 있어야 하고,
만약에 그들에게 상해를 입히는 광경을 목격한다면
그들을 위해 염불을 해주라.
-동물왕생불국기

불경에 설하시길, 어린이들의 마음은 단순하고 소박하며 오염이 적어서 흔히 이러한 능력들이 있으나, 성장하여 지식이 열리게 되면 어릴 때처럼 단순하지 않기 때문에 이런 능력들은 점점 사라지게 된다고 하였습니다. 그렇다면 어린이가 볼 수 있는 것도 이상한 일은 아닐 것입니다.

2004년 정월 초삼일 날, 저희 가족은 외갓집에서 명절을 보내게 되었습니다. 이튿날 아침 장인 장모님께서 닭을 잡고 있었는데, 그 당시 이미 불자였던 저는 황급히 마음속으로 닭을 위해 아미타불을 불러주었습니다. 그렇게 몇 분간을 염불하고 나서 다시 방에 들어가 닭을 위해 잠깐 동안 염불을 해주었습니다. 이렇게 그 일은 그냥 지나갔습니다.

낮에 제가 옆집에 저희 애를 찾으러 갔었는데, 옆집에도 이미 닭을 두 마리 잡아놓은 상태였습니다. 저희 애도 그곳에 있었고요. 제가 평소에 항상 아들에게 **모든 동물들에 대해 자비심이 있어야 하고, 만약에 그들에게 상해를 입히는 광경을 목격한다면 그들을 위해 염불을 해주라고** 교육을 시켰기 때문에 아들에게 닭을 죽이는 것을 보았냐고 물었습니다. 그러자 아들은 봤다면서 누나(저희 조카딸)와 함께 닭을 위해 염불해주었다고 말했습니다.

그리고는 또 **아미타불께서 연꽃을 가지고 닭을 데리러 오셨는데, 닭이 연꽃 위에 오르자마자 사람의 모습으로 변하더니 하늘로 올라가서 부처님을**

따라갔다고 말했습니다. 매우 기이하다는 생각이 든 저는 혼자 조카에게 달려가서 물어보니 두 애의 말이 똑같았습니다.

저녁식사를 할 때, 저는 갑자기 아침에 장인 장모님께서 죽였던 그 닭이 생각나서 상황이 어떻게 되었는지 한번 물어보는 것도 좋을 것 같았습니다. 그래서 조카에게 물었지요.

"너희 집의 닭은 어떻게 된 거니?"
조카는 생각지도 않고 말했습니다. **"아미타불이 데려갔어요."**

저는 매우 의아했습니다. 왜냐하면 닭을 잡을 때는 아직 이른 새벽이어서 조카딸이 아직 일어나기 전이었거든요. 게다가 제가 닭을 위해 염불한 것을 조카가 전혀 모르고 있었으니까요. 그래서 다시 물었지요.

"네가 어떻게 안 거니?"
"오늘 아침에 꿈속에서 봤어요. 꿈속에서 아미타불이 분홍색 연꽃을 가지고 우리 집 닭을 데리고 갔어요."

조카의 대답이었습니다.

경전에서 설하길, 아미타불께서 48대원을 세우셨는데, 오로지 죽은 영가들을 서방으로 영접해 가신다고 하셨습니다. 닭도 중생이므로 누군가 염불해준 인연으로 서방에 왕생한 것은 이상할 것도 없겠지요. 제 생각에는 만약에 시장을 가는 사람마다 염불을 할 수 있다면 얼마나 많은 동물들이 부처님을 따라서 서방에 왕생하겠습니까! **닭이 스스로 공부할 수는 없지만 사람들이 도와서 염불했음에도 역시 왕생할 수 있거늘, 하물며 사람이겠습니까?** 사람의 지능은 더욱 수승하므로, 먼저 불경을 읽어서 이치를 깨닫고 나서 열심히 수행을 한다면 극락왕생이 더더욱 쉽지 않겠습니까?

이강李剛 2006년 5월 20일 광주에서

4.
왕생한 닭이
꿈속에서 소식을 전하다

제 이름은 이후곤李厚坤이며, 호북성 잠강시 어양
진 교두촌湖北省 潛江市 漁洋鎭 橋頭村 사람입니
다.

2004년 2월의 어느 날 오전, 저희 집에서 키우던
닭 한 마리가 불행하게도 오토바이에 치여 죽었습
니다. 저는 집사람이 보게 되면 삶아 먹을까봐 두
려워서 서둘러 닭을 숨기고는 닭에게 염불하라고
일러주었습니다.

오후와 저녁 시간에 저는 줄곧 몰래몰래 닭을 데
리고 염불하였으며, 닭에게 극락세계의 장엄하고
아름다움에 대해 설명해주면서 반드시 아미타불께
서 우리들을 위해 건립한 극락세계로 가야 한다고
일러 주었습니다. 이렇게 쭉 이튿날 아침이 되어

서야 닭을 가져다 묻어주었습니다.

그런데 매장을 할 때 갑자기 닭의 머리가 사라진 것을 발견했습니다. 저는 분명히 쥐가 뜯어먹었겠

닭이 스스로 공부할 수는 없지만
사람들이 도와서 염불했음에도
역시 왕생할 수 있거늘,
하물며 사람이겠습니까?
-동물왕생불국기

지 라고 생각하면서, 내심 더욱 가엾게 느껴졌습니다. 그래서 닭에게 이렇게 말했습니다.

"닭아 닭아! 네가 얼마나 불쌍한지 아니? 네가 닭의 몸을 받은 것 자체가 본래 사람들의 먹거리인데, 내가 어렵사리 너를 숨겨놨음에도 불구하고

여전히 이 화를 피할 수가 없으니, 이 육도윤회가 얼마나 괴로운 거니! 넌 나무아미타불을 부르는 것을 절대 잊지 말고, 만약에 진짜로 내 말을 들어서 염불왕생하게 된다면 나한데 꼭 알려다오!"
바로 그날 밤에 꿈을 꾸었는데, 꿈속에서 잘생긴 젊은 청년 한 분이 침대 앞에 서있는 것을 보고는 조금 궁금하다는 생각이 들었습니다.

"이분이 누구신데 이렇게 잘 생겼을까? 나는 당신을 몰라요."
바로 이때였습니다. 그 청년이 갑자기 몸을 한 번 흔들었더니 등 뒤에 있는 닭털이 보이는 것이었습니다. 저는 금세 깨달았습니다.

"아! 닭이었구나! 닭이 진짜로 왕생했구나!"
감동한 나머지 저는 나무아미타불, 나무아미타불…… 부르면서 깨어날 때까지 끊임없이 염불했습니다.

이후곤李厚坤 기록, 2005년 7월 13일

5.
자비심으로 염불하자
소가 극락왕생하다

제 이름은 시금련施金蓮이고, 호남성 잠강시 노신진 변하칠조湖北省 潛江市 老新鎭 邊河七組에서 살고 있습니다. 올해 마흔 살이고요. 2000년에 다행이도 불법을 만났습니다. 농촌에서 자라다 보니 집이 낡아서 불단을 모실 수는 없었지만 염불만큼은 이제까지 중단한 적이 없었습니다.

2006년 정월에 저희 집의 소가 송아지 한 마리를 낳았는데, 날씨가 너무 추운 탓에 며칠 안 되어 송아지는 죽고 말았습니다. 제 남편 번우성樊友成은 이를 발견하고 나서 매우 슬퍼하며, 송아지를 쓰다듬으면서 말했습니다. "왜 죽었어!"

그리고는 송아지를 위해 계속 염불을 해주었습니

다. 저는 송아지를 위해 귀의를 하고 법문하고 염
불을 해주면서 아미타불께서 송아지를 구제해 주
시길 기도했습니다. 대략 30분 뒤에 저는 송아지
에게 말했습니다.

"송아지야! 내가 신통력이 없고 천안도 열리지 않

저들이 비록 축생이지만 불성은 나와 평등하고,
무량한 윤회 가운데 혹 나의 부모였을 수도 있고
염불법을 만난다면 역시 성불할 수 있다는 것을
진실로 믿는다면 어떻게 감히 살생할 수 있겠는가!
-정종법사

아서 네가 이익을 얻었는지 모르겠어. 만약에 이
익을 얻었다면 내가 걱정하지 않게 소식을 전해
줘!"

뜻밖에도 바로 그날 밤에 제가 꿈을 꾸었는데, 꿈 속에서 예쁜 옷을 입은 사람이 저에게 말을 하는 것이었습니다.

"제가 송아지입니다. 당신들께 특별히 고맙다는 말씀을 전하러 왔습니다. 아미타불께서 저를 서방극락세계로 데려갔습니다. 그리고 당신들이 하신 말씀을 전부 방榜에다 새겨놨습니다."

그의 말이 끝나자마자 저는 깜짝 놀라서 깨었습니다. 대자대비하신 나무아미타불께서 중생을 제도하는 것은 참으로 불가사의합니다.

나무아미타불 나무아미타불

시금련施金蓮 강술 이요향李耀香 집필,
2006년 3월

6.
고양이를 위해 염불하자
혼이 사람의 모습으로 나타나다

제가 중학교 3학년을 다니던 해에 저희 집에 도둑 고양이 한 마리가 뛰어 들어왔는데, 너무나 귀엽고 애교도 많아서 우리 가족은 이 고양이를 키우기로 결정했습니다.

중3을 졸업하기 전, 이 고양이는 임신을 해서 새끼 고양이 세 마리를 낳았습니다. 한 달 정도 지나자 새끼 고양이 세 마리는 이리저리 뛰어다니기 시작했는데 굉장히 활발했습니다.

그러던 어느 날, 갑자기 셋째가 심상치 않다는 것을 감지했는데, 무슨 영문인지 계속 잠만 자는 것이었습니다. 먹이를 먹일 때도 첫째와 둘째는 서로 먼저 먹으려고 난리인데 셋째는 천천히 몇 입만 먹고는 더 이상 먹지 않는 것이었습니다.

그래서 저와 어머니는 셋째를 데리고 수의사를 찾아갔습니다. "열이 난지 최소한 열흘은 넘었네요. 현재로서는 주사밖에 놔줄 수 없으니, 호전될 수 있는지 일단 지켜봅시다." 의사의 말을 들은 저는 매우 괴로웠으나 그래도 희망을 품고 있었습니다.

주사를 맞고 집으로 돌아온 그날, 셋째는 다시 활기차게 밥을 먹기 시작했습니다. 이튿날도 역시 정상으로 보였지만 삼일 째 되던 날, 셋째가 엎드려 잠을 자고 있었는데 그 자세가 예전에 병원을 가기 전과 똑같았습니다. 불길한 예감이 마음속에서 올라오는데 저는 서둘러 어머니와 오빠에게 병원에 데려가 달라고 부탁드렸습니다. 그 당시 저는 겁이 나서 감히 함께 따라갈 수 없었습니다. 왜냐하면 고양이가 가망이 없다고 말했을 때 감당할 용기가 없었으니까요.

그 후에 저는 혼자 집에서 엉엉 울었습니다. 아직

부처님의 원력이 허망하지 않음을 믿고서
환희용약하며 염불해야 한다.
어리석은 축생들조차 왕생할 수 있는데,
영지靈知의 마음을 갖고 있는 인류라면
더더욱 의심할 필요가 없다.
－정종법사

남아있는 새끼고양이 두 마리가 신나게 뛰어노는
것을 바라보면서 마음속으로 더욱 자책하였습니다.
왜 조금 더 일찍 열이 나는 것을 눈치 채지 못했
을까? 울면 울수록 더욱 괴로워서 저도 모르게 울
면서 소리쳤습니다. "아미타불! 관세음보살! 고양
이 좀 구해주세요! 가엾게 여기시고 제발 도와주
세요!"

그날 밤, 우느라고 너무 지친 저는 아주 빨리 잠

이 들었습니다. 저는 상하 이층으로 되어있는 침대 가운데 위층에서 자고 있었고, 아래층에는 자는 사람이 없었습니다. 한참 잠을 자고 있는데 마치 누군가 침대에 있는 작은 사다리를 타고 올라오는 것 같은 소리가 들리는 것이었습니다. 저는 눈을 뜨고서 머리를 내밀어 아래를 내려다 봤더니 셋째 새끼고양이가 제가 누워있는 침대 위로 기어올라오는 것이었습니다. 저는 무의식적으로 불가능하다는 생각이 들었습니다. 셋째의 신장은 겨우 손바닥만 했고 침대의 사다리 사이 거리는 고양이 신장의 두 배였습니다. 게다가 지금 중병 중에 있는 고양이가 무슨 힘이 있어서 위로 올라올 수 있겠습니까? 그러나 생각을 하는 동시에 고양이는 여전히 한 발짝 한 발짝씩 위로 기어올랐습니다……

겁이 나기 시작한 저는 반쯤 누워있던 침대에서 저절로 뒤로 물러났습니다. 마침내 기어올라 온 셋째는 제 발 옆에 앉았습니다. 너무나 놀란 저는 두 눈을 크게 뜨고 그를 바라보면서 무서워서 말을 할 수 없었습니다. 고양이는 아주 편안한 눈빛으로 저를 쳐다보았습니다. 고양이와 서로 마주보고 있을 때, 저는 고양이의 몸 뒤의 그림자가 특별히 크다는 것을 발견했는데, 고양이가 앉아있는 자세의 형상과 일치하지 않고 중년남자의 검은 그림자였습니다. 제가 그 검은 그림자를 발견함과 동시에 그 그림자는 뜻밖에 저를 향해 허리를 굽히면서 인사를 하는 것이었습니다.

"감사해요!"
저는 너무 놀라서 벌벌 떨었습니다.

셋째가 그렇게 작은데 어떻게 그림자는 저렇게 클 수가 있지? 제가 꿈인지 생시인지 헷갈리고 있을 때, 마침 옆방 거실(셋째를 키우던 곳)에서 어머니와 아버지의 대화가 들리는 것이었습니다.
"어서! 고양이를 가져가서 묻어버려요,…… 이따가 딸이 일어나서 보면 또 울겠어요……"

"알았어! 내가 시장근처에 있는 빈터에다 묻을
게……"

이 일이 발생했을 때, 저는 아직 중학생이었고, 이
기이한 사건은 이미 12년이나 지났지만 아직도 기
억이 선합니다. 나중에 커서 안 것이지만; 왜 그
중년남자의 검은 그림자가 저에게 고맙다고 했냐
하면, 제가 그때 마음속으로 "아미타불! 관세음보
살! 고양이 좀 구해주세요!" 라고 불렀었는데, 불
보살님들께서 그 소리를 듣고 오셔서 그를 천도해
주셨기 때문에 고양이가 사람의 모습으로 저에게
감사하다는 말을 전할 수 있게 된 것이었습니다.

여기까지 쓰면서 저는 중생의 구원의 소리를 듣고
괴로움에서 건져주시고, 저를 도와 제 마음속의
소원을 이루어주시며, 게다가 저로 하여금 불법의
광대무변함을 직접 증명하게 해주신 관세음보살님
께 감사한 마음을 금할 수 없습니다. 이 밖에 사
람의 모습으로 나타나서 저로 하여금 인간과 축생

사이의 인과윤회를 깨닫게 도와준 새끼고양이의 은혜에 대해서도 감사하게 생각하고 있습니다.

제가 이 글을 투고한 이유는, 단지 더 많은 사람들이 인간과 축생의 평등한 생명의 가치를 이해하기를 바라고, 또한 더 많은 사람들이 늘 염불을 하여 부처님 광명의 비춤을 받기를 기대하는 마음에서입니다. 바로 이른바 **'일념이 상응하면 일념이 부처요, 염념이 상응하면 염념이 부처로다.'**이니, 절대 이 한 구절 명호의 공덕을 가볍게 여기지 마시고…, 특히 위급한 상황에 처한 사람을 만났을 때 한 구절 명호는 그 사람을 구할 수 있을 뿐만 아니라 스스로 자비심을 내게 하여 부처님과 함께할 수 있습니다.

대만 소기小旗 기록, 2003년 2월

7.
대중을 따라 염불하던
수탉이 서서 죽다

제한諦閑 노법사님(1858~1932)께서 직접 하신 말씀입니다.

노법사님께서 두타사에서 방장소임을 보고 계실 적에 상주常住의 일과에 대한 규칙은 벌써 세워진 상태였답니다. 매일 아침 공양과 저녁 공양을 마친 뒤, 대중들은 다 같이 염불하면서 세 번 요불繞佛을 하고 나서 각자 요사채로 돌아가서 휴식을 했었답니다.

그때만 해도 절에 시계가 없었기에 수탉이 새벽을 알렸는데, 때가 되어 수탉이 한 번 울면 대중들은 모두 기상을 했다지요. 대중들이 법당에 들어가거나 공양시간에 공양을 하러 갈 때도 수탉은 어김없이 따라다녔답니다. 사람들이 바닥에 흘린 밥알은 그 수탉이 다 주어먹었답니다. 공양을 마치고 자리에서 염불을 하고나서 나갈 때가 되면 수탉은 대중들의 맨 뒤에 따라나섭니다.

사람들이 '나무아미타불' 하고 계속 부르면 이 수탉도 뒤에서 꼬곡~ 꼬곡~ 하는 소리를 내는데 마치 사람들을 따라 염불하는 것 같았답니다. 희한하지 않나요? 이것은 제한 노법사의 말씀입니다. 또 대중들을 따라서 요불을 하고, 사람들이 요불을 마치고 법당 밖으로 나가면 수탉도 따라서 나갔답니다.

그러던 어느 날, 사람들이 요불을 마치고 다 나갔는데 이 수탉은 나가려하지 않는 것이었습니다. 법당소임을 맡은 스님이 말했지요.
"넌 왜 아직 안 나가는 거니? 염불을 마쳤으니 이제 문을 잠가야해!"

법당 문을 잠그는 것은 사람들이 와서 어지럽힐까 봐 걱정 돼서이지요. 수탉은 그 자리에 서서 움직이지 않더니 바로 불단 앞에 서서 머리를 치켜들

염불은 평소부터 그 습관을 들여야 한다. 정토왕생을 발원하는 사람은 스스로 조건과 한계를 정하여 반드시 어떻게 어떻게 해야만 왕생할 수 있을 거라고 여기지 말고, 마땅히 아무런 조건 없이 아미타불의 불가사의한 구제에 수순해야 한다.
-정종법사

고 꼬꼭꼬꼭 하며 크게 세 번 소리를 지르고는 죽었습니다! 서서 죽었습니다.

보세요! 수탉이 뭘 불렀겠습니까? '나무아미타불'을 정확히 발음할 수 없었지만, 사람들이 염불만 하면 수탉은 따라서 부르고 따라서 요불도 했습니다. 보세요, 얼마나 영성靈性이 있습니까?

이 사건은 제한 노법사님이 온주의 두타사에서 방장을 하고 계실 때 일어난 실화입니다. 제가 이 얘기를 하는 것은 축생의 염불왕생에 대해 증명을 하고 증거를 남기려는 것입니다.

담허 노법사 불칠법문

8.
사납고 싸움을 좋아하던 닭이
염불하며 서서 죽다

청나라 광서光緒 29(1903)년, 허운 화상이 곤명昆明의 복흥사福興寺에서 패관수행을 하던 때였다.

하루는 영상사迎祥寺로부터 스님 한 분이 오셔서 절에 방생한 수탉 한 마리가 있는데, 몸무게가 수근數斤에 달하고 아주 사납고 싸움을 좋아하여 다른 닭들이 모두 머리와 날개를 다쳤다고 하였다.

운공(허운 화상)은 곧바로 그 닭을 위해 삼귀의와 오계를 설하시고 염불을 가르쳤다. 그러자 그 닭은 다시는 싸우지 않고 홀로 나무 위에서 살았으며, 더 이상 벌레와 개미를 죽이지 않고 먹이를 주지 않으면 먹지도 않았다.

시간이 지나서 종소리와 경쇠소리만 들으면 대중들을 따라서 법당에 들어갔으며, 예불을 마치면 어김없이 나무 위에서 머물렀다. 또 사람들이 염불을 가르치면 '불불불' 하는 소리도 내었다.

그 뒤로 2년이 지난 어느 날, 저녁예불을 마치고는

선남자야,
대자대비를 불성이라고 이름 한다.
왜냐하면, 대자대비는 보살을 따름이
그림자가 형상을 따르는 것과 같다.
일체 중생이
반드시 대자대비를 증득해야 한다.
그러므로 일체 중생은 모두 불성이 있다
고 말하는 것이다.
대자대비를 불성이라고 하고,
불성은 여래라고 하며,
대희대사는 불성이라고 한다.
－대반열반경

똑바로 서서 머리를 들고 세 번 날갯짓을 하면서 염불하는 모습으로 서서 죽었다. 그 모습이 며칠이 지나도 변하지 않아 감실에 넣어 묻어주었다.

허운화상 연보 虛雲和尚年譜

9.
염불이 끊이지 않던
수탉이 서서 죽다

명나라 사종숭정 년간思宗崇禎年間(1628-1643), 오설애吳雪崖라 부르는 사람이 있었다. 그는 복주福州(福建)에서 사리(司理: 소송사건을 주관함)직을 맡고 있었는데, 평생을 독실한 불자로 살았다. 현지 개원사의 스님들은 대다수가 육식을 하며 계행을 지키지 않았으므로 오설애는 돌에다 글을 새겨서 그들의 범계를 제지하고자 하였다.

하루는 오설애가 선방에 앉아 있는데, 갑자기 어디선가 닭이 염불하는 소리가 들리는 것이었다. 그래서 소리를 따라 그 닭을 찾아서 스님들에게 말했다.

"스님들께서는 개원사에 이미 오랫동안 동물을 키우지 않았다고 하셨는데, 어떻게 닭이 있습니까?

우리는 이런 축생들조차도 모두 불성이 있다는 것을 볼 수 있는데, 당신들은 머리 깎고 출가를 하고도 파계를 하였으니, 실제로 이 염불할 줄 아는 닭보다도 크게 못한 줄 아시오!"

개원사의 스님들은 그제서야 재계齋戒를 지키겠다고 서원을 세웠다.

그래서 오설애는 이 닭을 관청에 데려가서 기르게 되었는데, 이 닭은 항상 염불을 하며 중단하지 않았다. 나중에 오설애는 단양(안휘)으로 자리를 옮겨야 했기에 이 닭을 해회암으로 보내게 되었다. 왜냐하면 그곳은 중생들을 제접하는 도량이어서 이렇게 하면 원근에 사는 사람들로 하여금 불법에 대한 신심을 일으키게 할 수 있었기 때문이다.

이 닭은 해회암에 오고 나서 얼마 안 되어 염불하며 서서 왕생하였는데, 대중들은 닭을 위해 탑을 만들어 모셨다고 한다.

정토의 새벽 종 淨土晨鐘

10.
폐관 삼년에 수탉이 서서 죽다

명나라 중주(호남)지방의 승려 각원覺圓은 여산의 동림사에서 스님들께 대중공양을 올리기 위해 폐관(閉關: 일정 기간 문을 걸고 하는 무문관 정진)수행을 함으로써 모금하고 있었다.

이때에 호관(護關: 무문관을 지키는 소임)을 하던 스님이 화씨 성을 가진 사람의 집에 가서 탁발하고 돌아오는데, 수탉 한 마리가 이 스님을 따라 중도까지 나선 것이었다. 닭을 발견한 스님은 그 닭을 다시 화씨 성을 가진 사람 집으로 돌려보냈다. 그런데 화씨 성을 가진 사람이 집 문을 닫아버리자 이 수탉은 지붕으로부터 날아 나와 스님의 뒤를 쫓아서 각원법사가 폐관수행하는 곳까지 따라와서는 바깥에서 배회하며 떠나려 하지 않는 것이었다. 그래서 각원법사와 함께 삼년을 폐관하게 되었다.

나중에 법사는 수탉을 동림사로 데려 가서 수계를 해주었다. 매일 대중들이 법당에 들어가 염불을 할 때마다 수탉은 대중들을 따라서 염불을 하였다.

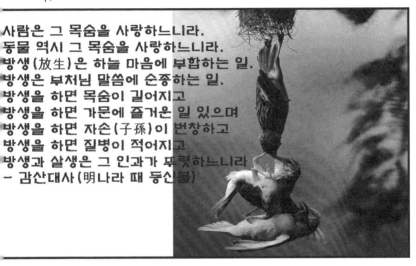

사람은 그 목숨을 사랑하느니라.
동물 역시 그 목숨을 사랑하느니라.
방생(放生)은 하늘 마음에 부합하는 일.
방생은 부처님 말씀에 순종하는 일.
방생을 하면 목숨이 길어지고
방생을 하면 가문에 즐거운 일 있으며
방생을 하면 자손(子孫)이 번창하고
방생을 하면 질병이 적어지고
방생과 살생은 그 인과가 뚜렷하느니라
- 감산대사(明나라 때 등신불)

이렇게 일 년이 지나서 대중공양을 마치자 수탉은 곧바로 서서 왕생을 하였는데, 사람들이 동림사 옆에 묻어주었다.

정토의 새벽 종 淨土晨鐘

11.
거위 한 쌍이
염불하여 선후로 왕생하다

민국 9년(1920), 장추선張抽仙 거사가 암수 거위 두 마리를 곤명의 운서사雲棲寺에 보내어 방생하였다. 허운 화상이 거위들을 위해 삼귀의와 오계를 설하자 모두 머리를 숙이고 조용히 들었으며, 계를 설해 마치자 머리를 들고 기뻐하는 모습을 보였다.

그 뒤로 낮에는 깨끗한 물에서 놀다가 밤이 되면 산문을 지켰다. 매일 조석예불을 할 때마다 사람들을 따라서 법당에 들어가 목을 길게 빼고 관불觀佛을 하면서 잠시도 눈을 떼지 않았다. 또 염송하는 소리를 들으면 시청을 하고 염불소리를 들으면 크게 울고 요불을 하면 따라서 요불을 하는데 오래오래 변함이 없었으니 사람들이 다 좋아하였다.

이렇게 삼년이 지난 어느 날, 암 거위가 문득 대웅전 문 앞에서 세 바퀴를 돌더니 머리를 들고 부처님을 바라보면서 몇 번을 길게 울면서 죽었다. 털이 시들지 않아 나무함에 넣어 묻어주었다.

무량수불(아미타불)의
위신력과 광명은 가장 높고 뛰어나서
모든 부처님의 광명이 능히 미치지 못한다.
만약 삼악도의 괴로움에서 이 광명을 보게 된다면
모두 휴식을 얻으며, 다시는 괴로움을 겪지 않고
목숨이 다한 뒤에 모두 해탈을 얻게 된다.
-무량수경

수컷은 밤마다 울음소리를 그치지 않았는데, 그 마음이 마치 암 거위를 연모하는 것 같았으며, 목욕도 하지 않고 음식도 먹지 않았으니 그 모습이 매우 슬퍼보였다. 그러나 매일 법당에 들어왔으며, 예전처럼 관불을 하였다.

유나스님은 수컷 거위가 괴로워하며 즐겁지 않은 모습을 보고는 경쇠를 치면서 일러주었다.

"너는 짝을 잃고 매우 괴로워하고 있구나. 네가

관불을 안다면 마땅히 아미타불을 불러서 극락왕
생을 구해야지 이 괴로운 몸에 미련을 두지 말아
야 할 것이다. 대중들이 너를 도와 염불을 할 터
이니 너는 왕생할 생각을 마음에 두고 들어야 한
다.”

한 번 경쇠를 칠 때마다 한 번의 부처님 명호, 이
렇게 대략 수십 번 염불을 하고 나서 목을 구부려
부처님께 절을 하는 모습을 하더니 다시 일어나서
세 바퀴를 돌고 날갯짓을 한 번 하고는 날개를 거
두고 발을 굽히면서 바로 죽었다. 여전히 작은 관
에 넣어서 두 거위에게 무덤 하나를 만들어 주었
으며, 장위문張爲文이 이를 기록하였다.

허운화상 연보

12.
고요함을 즐기던
흰 거위가 염불왕생 하다

민국 21(1932)년, 허운화상은 고산방생원鼓山放生
園을 만들었다. 이듬해 6월 초이튿날 사중 스님들
과 남녀 거사 500여명이 함께 모인 자리에서 낙
성식을 거행하였다. 수많은 방생자 가운데 당연히
허공虛公이 단에 올라 설법하게 되었는데, 원음圓
音으로 연설하니 다른 부류들도 똑같이 이해를 하
였다.

정금초鄭琴樵 거사가 방생한 거위 한 떼 속에는
흰색 수컷 거위 한 마리가 있었는데 무게가 열여
섯 근에 달했다. 우두커니 외진 곳에 서 있으면서,
그 뒤로 목욕도 하지 않고 무리와 어울리지도 않
았다. 부처님을 모신 누각 밑에서 살금살금 기어
다니는데, 먹이를 줘도 먹지 않고 소량의 물만 마

시면서 사람을 가까이 하기를 좋아하였다.

어떤 사람이 너는 "응당 염불해야 한다." 하고 일러주면 날개를 펴고 소리를 지르는데 마치 아미타불을 부르는 소리 같았으며 여러번 해봐도 틀리지 않았다. 또 대종과 목어 소리를 들으면 구슬프게 우는데, 마치 법문을 듣기를 원하는 것 같았다. 거위를 안고서 법당에 들어가면 차분하게 불상을 주시하면서 어떤 생각에 잠긴 듯 하였으며, 예불을 마쳤는데도 여전히 떠나기 아쉬워하였다.

17일 밤, 대중을 따라서 평소대로 예불을 드리고는 갑자기 아미타불 네 자를 높은 소리로 불렀으니, 그 소리가 역력하게 들렸다. 9시가 되었으나 여전히 눈을 감고 꼿꼿이 서 있어서 법당 밖으로 안고 나와 자세히 살펴보니 이미 허물을 벗은(죽은) 것이었다.

다음 날 매장용 구덩이로 보내졌으나 여전히 따뜻

삼악도 가운데
지옥·아귀·축생(동물)들이
모두 나의 나라에 태어나
나의 법화法化를 받고
머지않아 모두 성불하게 된다.
-장엄경

하고 유연하고 향기롭고 깨끗하여 차마 그냥 묻을
수가 없었다. 정금초 거사는 그 기이함을 드러내
기 위해 스님들처럼 다비할 것을 청하고는 거위를
위해 무덤을 하나 만들어 주었는데, 마침 무더운
여름에도 불구하고 닷새 후에 다비식을 거행하였
으나 이상한 냄새가 조금도 나지 않았다.

『불학반 월간 佛學半月刊』 64 및 88기

13.
서방에서 온 앵무새가
다시 서방으로 돌아가다

영남지방의 어느 유생이 키우던 흰색 앵무새였는데, 아침마다 필히 '관음성호'·'백의신주'를 외웠으며, 아울러 '귀거래사歸去來辭'·'적벽부赤壁賦' 및 이태백의 여러 가지 시를 외울 수 있었다. 간혹 새벽일과를 마치지 못했을 때 다른 시문詩文을 가르치더라도 응하지 않았다.

하루는 유생에게 "나는 서방에서 왔는데, 이제 다시 서방으로 돌아간다."고 말하고는 그날 밤 홀연히 죽었다.

견문록

부처님께서 몸이 나툰 이상,
부처님의 광명이 바로 비치어
업장을 소멸시키고
안락함을 주게 되니,
비록 삼악도의
중생일지라도
이 광명을 보면
모든 고통이 전부 쉬게 되고
한 생각만 되돌리면
바로 안락국에
왕생할 수 있는 것이다.
-정종법사

14.
구관조가 염불하여
입에서 연꽃이 피다

송나라 원우(元祐:1086-1093)년간, 장사군長沙郡에 사는 어느 한 분이 구관조 한 마리를 길렀다. 이 구관조는 우연히 한 스님이 아미타불을 부르는 것을 듣고는 입에서 나오는 대로 바로 따라서 칭념하였는데, 온종일 염불이 끊이지 않았다. 그래서 그 집에서는 이 구관조를 스님에게 드렸다.

시간이 지나 새가 죽자 스님은 관을 갖추어 묻어 주었는데, 갑자기 입으로부터 연꽃 한 송이가 피어났다. 어떤 이가 게송을 짓기를,

신령한 구관조 한 마리
스님따라 아미타불 부르고
죽어 묻은 평지 연꽃 피어오르니

사람인 우리도 그만 못하구나.

신령한 구관조 한 마리
스님따라 아미타불 부르고
죽어 묻은 평지 연꽃 피어오르니
사람인 우리도 그만 못하구나.
-동물왕생불국기

또, 천태 황엄 정등사의 관스님이 구관조 한 마리
를 길렀는데, 항상 사람들을 따라 아미타불을 불
렀다. 하루는 아침에 새장에서 서서 죽었기에 땅
을 파서 묻어주었더니, 혀끝에서 자줏빛 연꽃이
피어난 것이었다.

선도대사와 법조대사께서는
특별히 연종(蓮宗, 정토종)을 천명하시어
함께 새장(육도윤회의 세계)을 벗어나게 하셨너
말세 중생은 미혹(번뇌)을 끊기 쉽지 않으니
오직 이 한 법(염불)만이 믿고 의지할 수 있다너
- 인광대사〈증광문초〉중에서

구관조를 위해 대지율사가 게송을 적었는데, '닫힌
새장에 서서 죽는 것은 모두 부질없는 일이나, 자
줏빛 연꽃으로 변화하니 크게 기이하도다.'라는 문
구가 있었다.

불조통기佛祖統記

15.
가릉조가 염불하여
연꽃이 피다 1

타이베이의 남항南港에 구邱 거사라는 분이 있는데, 불법을 배우기 전에는 자주 술을 마시면서 흐리멍덩하게 살았으나 인연이 되어서 우리와 함께 수행을 한 뒤부터는 염불을 하기 시작하였습니다.

한번은 아무 생각 없이 시장에서 '가릉조迦陵鳥' 한 마리를 샀는데, 처음에는 재미를 위해 가릉조에게 '아미타불'을 가르쳐주었습니다. 매일 같이 부르도록 가르치다보니 오랜 시일이 지나 이 새는 사람을 볼 때마다 '아미타불! 아미타불!' 하고 말할 수 있었습니다. 많은 사람들이 이 작은 새가 염불을 하는 것을 듣고는 칭찬을 해주었습니다. 그런데 좋은 시절은 오래 가지 않는다는 말이 있듯이 이 새가 갑자기 죽었습니다. 구 거사는 매우 아쉬웠습니다. 어렵사리 새에게 염불하도록 가르쳐 놓았으니 참으로 아까웠던 것입니다! 그래서 아쉬운 마음에 사람이 죽어서 입관하는 방식에 따라 직접 나무판자로 작은 나무함을 하나 만들어 그 새를 넣고는 뒷산에서 장소를 찾아 새를 묻어주었습니다.

마침 구거사가 세심한 사람이어서 틈이 날 때마다 그곳에 가서 살펴보면서 간 김에 그곳을 손질하기도 하였으며, 심지어 향 한 자루가 타는 반시간 동안 새에게 염불을 해주곤 하였습니다. 하루는 은연중에 귓가에서 아미타불, 아미타불 하고 부르는 새 소리가 매우 친근하게 들려서 고개를 들어보니 가릉조 한 마리가 평소에 그가 책을 보던 방의 창살 위에 머물러 있는 것이었습니다. 이 광경을 본 구 거사는 매우 기뻐하여 마음속으로 혹시 그 새가 다시 부활한 게 아닌가 하고 생각하였습니다. 생각을 너무한 탓에 그는 틀림없이 그 새일 것이라고 여겼습니다. 그러나 그 새는 조금 있다

가 그만 날아가 버렸는데, 날아갈 때 또 한 번
"아미타불!" 하고 불렀습니다.

불자들은 채식을 하는 게 가장 바람직하나
어떤 상황에서 완전한 채식을 할 수 없을 경우에는
반드시 참회하는 마음과 자비로운 마음으로
도살당한 중생들을 위해 마음속으로
부처님의 명호(나무아미타불)를 불러줘야 한다.
-정종법사

구 거사가 '가릉조가 다시 돌아왔다.'는 생각을 했
기 때문에 바로 새를 묻은 장소에 달려가 보았더
니, 보지 않았으면 몰라도 보고 난 뒤 바로 오체
투지를 하면서 꿇어앉게 되었습니다. 구 거사가
높이 솟아오른 곳을 보았더니 뜻밖에도 옅은 자주
색 연꽃과 같은 작은 꽃 한 송이가 피어난 것이었
습니다. 구 거사가 주변에 있는 들꽃들을 자세히
살펴보았으나 이런 품종은 전혀 없었습니다. 그는
매우 희귀하고도 불가사의하여 바로 집에 가서 카
메라를 가져와 사진을 찍어서 확대를 하였는데,
확대를 하고 나서 다시 보니 연꽃과 매우 닮은 것

이었습니다. 삼일 뒤, 죽은 가릉조가 그의 꿈속에 나타나 외쳤습니다. "아미타불! 아미타불!"

그 뒤로 구 거사는 염불을 하면 극락세계에 왕생할 수 있는 공덕력을 성취할 수 있다는 것을 깊이 믿게 되었습니다. 그러므로 날짐승조차도 염불하여 모두 왕생할 수 있는데, 하물며 우리 사람들이겠습니까!

『지청법사地淸法師, 과보의 견증을 말하다』 제2집

16.
가릉조가 염불하여 서서 죽은 후
입에서 연꽃이 피다 2

십여 년 전에 제가 도원桃園의 중력中壢에서 포교를 할 때, 내력內壢에서 동童 거사라는 분을 알게 되었습니다. 그분의 집은 삼합원三合院 형태의 전통식 건축물이 었는데, 작은 법당이 있어서 평소에 근 열 분에 달하는 사형 사제들이 모여 함께 수행을 하였습니다. 그때 저도 아마 거기에 머물고 있었을 것입니다.

이 동 거사의 집에도 가릉조 한 마리를 키우고 있었습니다. 조류 중에 앵무새와 가릉은 선근형에

속하여 당신이 그 새에게 간단한 말을 가르쳐 주면 따라서 말할 줄도 알고, 염불을 가르쳐주면 염불도 할 줄 압니다. 특히 가릉조의 머리는 굉장히 좋습니다. 오랜 기간 동안 동 거사는 가릉조에게 "아미타불! 안녕히 주무셨습니까?"라는 말을 가르쳐 주었기 때문에 매번 사람을 볼 때마다 낮이건 밤이건 상관없이 "아미타불! 안녕히 주무셨습니까?"라고 말했습니다.

제 생각에는 만약 우리의 염불도 가릉조처럼 올곧은 마음으로 밤낮을 가리지 않고 사람을 만날 때마다 분별하지 않고 "아미타불! 안녕히 주무셨습니까?"라고 부른다면 왕생을 하는데 아무런 걱정이 없을 것입니다. 물론 농담이지만 제 뜻은 이 새가 동거사의 오랜 기간 훈련을 받고서 부처님의 명호를 부를 수 있는 것도 사실은 그 새의 선근과 복덕이 있기 때문이라는 것입니다.

하루는 인연이 별로 좋지 않아서 가릉조가 죽었습

니다. 처음엔 동 거사가 발견하지 못했는데, 나중에 이상하다는 생각이 들었답니다. '늘 새장 앞을 여러 번 지나다녔는데, 가릉조가 왜 네게 말을 걸지 않았을까?' 그래서 가까이 가서 보니 안타깝게도 가릉조가 새장속의 나무 막대기 위에 서서 죽은 것이었습니다.

이를 본 동 거사는 매우 감동을 하였습니다. 가릉조는 본래 축생도에 속하지만 오랜 기간 동안 아침 저녁으로 동거사의 한 구절 부처님 명호의 공양에 의지하여 마침내 이처럼 두터운 선근이 있어서 서서 왕생한 것이었습니다.

사실은 이것 역시 핵심은 아닙니다. 무슨 말이냐면 어느 날 제가 다시 내력으로 돌아가 동 거사를 찾았는데, 문득 가릉조가 사라진 것을 발견하였습니다. 그래서 동 거사에게 "거사님의 새 보살은요? 방생하셨나요?"라고 묻자 그가 대답하였지요. "그런 거 아닙니다! 가릉조는 이미 보름 전에 왕생했습니다. 제가 그곳으로 모시고 가겠습니다." 말을 하면서 바로 저를 데리고 집 뒤에 있는 화원으로 갔습니다.

순간 저도 깜짝 놀랐습니다. 뜻밖에 남항 구 거사 집의 가릉조와 똑같은 상황이었습니다. 가릉조를 묻어둔 곳에서 대략 농업시대에 유통되었던 오원 짜리 동전 크기의 꽃이 피어 있었는데, 그 생김새 가 연꽃을 닮았을 뿐더러 오직 이 한 송이밖에 없 었습니다. 호기심이 발동한 동 거사는 이 꽃이 자 라난 범위에 따라서 땅을 파기 시작하였습니다. 그 결과 우리 둘은 모두 깜짝 놀랐습니다. 알고 보니 이 꽃은 가릉조의 뾰족한 주둥이로부터 자라 나온 것이었습니다.

보세요, 불가사의하지 않나요? 이때 가릉조의 몸 으로부터 은은한 향기까지 났다니까요. 참으로 불 가사의했습니다! 가릉조가 왕생한 지 이미 보름이 지났는데도 몸에 나쁜 냄새가 없었을 뿐만 아니라

깃털조차도 아직 광택이 있었으니, 보고 나서 아깝다는 마음이 들 정도였습니다. 이는 가릉조가 주인의 조연에 의해 이러한 복을 심게 되었고, 또 천 년의 긴 세월 동안 한 번 올까 말까 하는 기회였다고 말할 수 있을 겁니다.

다시 원점으로 돌아와서 만약에 우리가 정진을 한다면 절대 가릉조에게 지지 않을 것입니다. 여러분들은 서로 격려를 해주십시오! 이 '나무아미타불' 명호의 공덕은 무량무변하여 우리가 수지를 게을리 하지 않는다면 반드시 성취가 있을 것입니다. 숙세의 업장을 소멸한다든지 아니면 복과 지혜를 늘린다든지 자손·권속들을 보살핀다든지 하는 소원들을 모두 이룰 수 있습니다.

그렇지 않고선 『지장경』의 「업연품」·「업감품」·「지옥품」에 의하면 저를 포함해서 누구도 도망갈 수 없습니다. 왜냐하면 너무나 많은 부정업不淨業·부정연不淨緣·부정물不淨物들이 우리 일상의 신구의

가운데 가득히 여러 겹으로 쌓여 있어서, 자신의
업을 정화시키려면 반드시 자력과 타력에 의지하
여 함께 나란히 나아가야만 하기 때문입니다.

『지청법사地淸法師가 과보의 견증을 말하다』 제2집

17.
지성으로 염불하자
다람쥐가 서상을 나타내다

지금 현재도 어떤 사람은 수많은 경론들을 읽었지만
아미타불의 구제법문을 믿지 못하기 때문에
임종할 때 영망진창으로 도리어 저 축생류의 중생들이
안염하게 왕생하는 것만 못하니 참으로 불쌍한 사람들이다.
- 정종법사

1998년 9월 방생을 할 때, 제가 병든 다람쥐 한
마리를 집으로 데려 왔습니다. 원래 생각하기를

한동안 키우다가 다시 방생하려고 했던 것이었는
데, 다람쥐가 아예 먹지도 마시지도 않고 정신은
갈수록 나빠지더니 나중에는 겨우 숨만 붙어있을
정도였습니다.

그래서 조심스럽게 다람쥐를 새장 속에서 꺼내어
침대 위에 내려놓고, 저도 침대 맡에 앉아서 한편
으로 다람쥐에게 염불을 해주면서 한편으로 아미
타불께서 접인 해주시길 기도하였습니다. 밤에 잠
을 잘 때는 다람쥐에게 염불기를 틀어주고 낮에는
제가 다시 이어서 염불을 해주었습니다. 다람쥐는
염불소리 가운데서 천천히 호흡을 멈추었습니다.

다람쥐가 죽고 나서 저와 염불기는 교대로 다람쥐
를 위해 여덟 시간을 염불해 주었습니다. 염불 도
중에 손으로 가볍게 밑에서 위로 다람쥐의 몸을
더듬어 보았더니 온몸이 완전히 차가워졌는데도
정수리만은 온기가 남아있었습니다. 저는 너무나
기뻤습니다. 이게 바로 경전에서 말한 것과 같지

않나요? 저는 정말이지 이게 사실이라는 것을 믿을 수가 없었습니다. 그래서 다시 살짝 두 번을 만져보니 여전히 정수리가 약간 따뜻한 것이었습니다. 너무 좋았습니다.

기왕 이렇게 된 이상, 저는 다람쥐를 이틀을 더 두고 계속 염불기를 틀어주었습니다. 48시간이 지나서 제가 다람쥐를 손바닥에 올려놓았을 때, 다람쥐의 전신은 굉장히 유연하여 작은 팔다리를 마음대로 굽힐 수 있었는데, 전혀 딱딱하지가 않았습니다. 저는 다람쥐를 나무 밑에다 묻어 주었습니다.

다람쥐가 왕생을 했는지 여부에 대해 저는 모릅니다. 다만, 정수리가 맨 마지막에 차가워졌고, 또 이틀이 지난 뒤에도 여전히 온몸이 부드러운 현상으로부터 봤을 때, 저는 다람쥐가 틀림없이 좋은 곳으로 갔을 것이고, 틀림없이 악도에서 벗어났을 거라고 믿습니다. 저는 진심으로 다람쥐가 내생에서 행복하기를 축원합니다. 이 일을 겪고 난 저는 아미타불의 명호를 칭념하는 공덕이 확실히 불가사의하다는 것을 더욱 굳게 믿게 되었습니다.

2005년 5월 7일 조석령趙錫玲 기록

18.
유구필응有求必應하여
토끼가 왕생하다

불성이 평등함을 믿고서 널리 자비를 실천해야 한다.
모든 생명을 사랑하고 아껴서 감히 살해할 마음을 내지 않으며,
만약 살생하는 인연을 만났을 땐 방편으로 구호해주고
아울러 염불을 해주면서 그들을 구제하여
불국토에 왕생하도록 부처님께 기도해야 할 것이다.
-정종법사

올 봄에 아들이 토끼 한 마리를 데려왔는데, 굉장
히 귀여웠습니다. 바구니에 넣어 기르면서 매일
한 번씩 풀어주었더니 거실에서 이리저리 뛰어다
녔습니다. 그런데 예상치 못한 골칫거리가 생겼습

니다. 토끼가 똥을 너무 많이 싸고 또 냄새까지 지독했습니다. 어떡해야 할까요? 저는 토끼를 안고서 불상 앞에 서서 아미타불과 마음을 터놓고 말씀드렸지요. "나무아미타불:

첫째, 제가 이 토끼를 방생하고 싶지만, 어디에다 방생하든 간에 전부 다른 사람들에게 잡혀서 '맛있는 음식'이 될 가능성이 있고, 설사 사람들에게 잡히지 않더라도 다른 동물들로부터 상해를 입게 되므로, 이 첫 번째는 실행될 수 없습니다.

둘째, 저는 이 토끼가 일주일 내에 죽기를 원합니다.(아이고! 인정머리가 없네요!) 제 생각에는 이 토끼가 수없이 육도윤회를 하면서 아미타불의 본원을 믿고 '나무아미타불'을 칭념하는 사람을 만나기란 굉장히 어려울 것입니다. 만약에 이 토끼가 제가 기르는 동안에 죽게 된다면 저는 이 토끼가 부처님의 명호를 따라서 서방극락세계에 왕생하기를 바랍니다."

그 뒤로 저는 각별히 신경 써서 토끼를 길렀습니다. 다시 며칠이 지난 그날 아침에, 저는 평소대로 토끼를 거실에 풀어주었습니다. 그런데 토끼는 여기저기 막 뛰어다니지 않고 계속 저만 따라다니는 것이었습니다. 제가 어딜 가던 토끼도 그곳으로 따라왔는데, 이런 현상은 요 며칠 동안 없었던 것입니다.

저녁 무렵이 되었을 때, 저는 문득 창턱 위에 있는 토끼우리에 토끼가 사라진 것을 발견하였습니다. 그래서 가까이 가서 보니 큰일 났습니다! 토끼는 우리 밑에서 전신이 축 처져서 꼼짝을 하지 않는 것이었습니다. 저는 황급히 토끼를 안고 법당에 들어가 소파에 앉아서 가슴 아파하며 토끼를 들고 "나무아미타불…… 부처님의 본원력에 의하면 이름 듣고 왕생하고자 하는 이는 모두 다 저 나라에 왕생하여 저절로 불퇴전에 이르게 되느니라. 나무아미타불……" 이때가 오후 6시 10분이었는데, 6시 25분까지 염불하고는 토끼의 복부 쪽에 아직 미약한 기복이 있는지를 자세히 살펴봤더니, 아무리 봐도 발견할 수 없었기에 저는 아마도 이미 아미타불께서 데려갔을 거라고 생각하였습니다.

다시 몇 분 정도 염불을 하였는데, 갑자기 토끼가 길게 한번 우는 소리가 들렸습니다. 이 소리는 가늘고 날카로우면서도 크게 울렸습니다. 토끼의 그 당시 상태로는 절대 그처럼 울리고 그처럼 길게 울 수 있는 힘이 없었습니다. 그 소리는 듣는 사람으로 하여금 자신의 기쁘고 흥분되고 해탈하는 심정을 느끼게 하였으며, 그 긴 울음소리와 함께 뒷다리를 쭉 뻗고는 죽었습니다.

저는 다시 부처님의 명호로써 한동안 토끼를 배웅하고 싶어서 계속해서 밤 7시까지 염불하였습니다. 토끼가 저희 집 문을 들어서면서부터 죽는 이날 까지 꼬박 7일이 걸렸습니다.

그 뒤로 매번 제가 채소를 씻거나 청소를 하면서

작은 벌레나 거미나 날벌레나 잠자리 등을 보게 되면, 항상 그들을 위해 세 번 '나무아미타불'을 불러주었습니다. 이상하게도 제 손바닥에서 마구 날뛰던 벌레들이 부처님의 명호를 듣기만 하면 옴 짝달싹하지 않고 가만히 있었습니다. 염불을 다하고 나서 다시 도망을 가려 할 때, 저는 가볍게 입김을 불어서 그들을 바깥으로 보내주었습니다. 나무아미타불…….

2000년 10월 6일
정생淨生 거사가 사실을 기록함

19.
실험실의 토끼에게 염불하여
특이한 현상이 나타나다

2008년 10월, 우리는 '호흡에 미치는 영향과 혈압의 변화'에 대한 생리실험을 진행하였다. 그때 내가 비록 불법을 배우기 시작한지 얼마 되지 않았지만 동물을 가지고 실험한다는 것은 여간 힘든 게 아니었다. 그래서 염불기를 가지고 가서 실험대 위에 있는 토끼들을 위해 '나무아미타불' 육자명호를 틀어주고 마음속으로도 염불을 해주었다. 그 당시 나는 부처님의 명호를 통해 토끼들이 받게 되는 고통과 공포를 덜어줌과 동시에 그 토끼들이 내생에는 불법을 만나기를 바라는 마음뿐이었다.

두 시간 넘게 지나서 우리 팀의 실험은 성공적으로 완성되었다. 이때 토끼는 기관지가 이미 절단

되었고, 경동맥·정맥과 미주신경 등도 모두 절단되었으며, 실험을 하면서 여러 가지 실험 약품들을 투여한 상태였다. 그 당시 토끼는 눈을 살짝 감고 두 귀는 힘없이 아래로 축 처져 있었으며, 호흡이 미약하고 전신에 전혀 윤기가 없었다. 팀장은 나에게 회수통에다 토끼를 버리라고 하였다. 토끼를 손에 들고 있었더니 온몸이 얼음처럼 차갑게 느껴지기에 토끼를 위해 부처님의 명호를 몇 번 불러주었다.

막 토끼를 회수통에 넣으려던 순간, 문득 한 생각이 뇌리를 스쳐지나는 것이었다. '아직 한 시간정도 지나야 수업을 마치는데, 왜 토끼를 위해 염불해주지 않지?' (우리 팀의 토끼는 선생님이 직접 시교示敎한 토끼이여서 한 시간 일찍 실험을 끝냈다.)

그래서 나는 토끼를 품에 안고서 가슴 앞에 걸려 있는 염불기를 토끼와 아주 가깝게 대고는 또 작은 목소리로 염불을 해주었다. 그때 나는 어떠한 기적이 나타날 거라고는 전혀 생각지 않고 다만 최대한 내가 할 수 있는 데까지 토끼를 위해 염불을 해주었을 뿐이다.

그런데 반시간 정도 염불하고 나서 놀랍게도 힘없이 살짝 감고 있던 토끼의 두 눈이 뜻밖에도 이미 떠져 있었고 두 귀도 기적처럼 쫑긋 세우고 있는 것이었다. 본래 미약했던 호흡도 현재 이미 염불하는 소리를 따라서 리듬감 있게 진행되었다.(내가 이해할 수 없는 것은 토끼의 기관지와 미주신경은 이미 다 끊어졌는데, 어떻게 입과 코는 여전히 호흡을 따라서 열었다 닫았다 하는지 였다.)

그 순간 나의 마음에는 일종의 말로 표현할 수 없는 환희심이 일어났으며, 토끼의 차분하고 생기 있는 모습을 보고는 염불에 더욱 열중하게 되었다. 계속해서 염불을 하다 보니 토끼의 정신은 더욱 좋아지고 두 눈에 눈빛이 형형하였으며 몸도 따뜻하게 변하였다. 갑자기 토끼의 두 눈이 축축

해지더니 눈가에 투명하게 반짝이는 눈물 몇 방울이 걸려 있었다. 토끼가 감동을 한 걸까, 아니면 기뻐서일까?

그 당시에 나는 토끼를 위해서 이렇게 염불해주면 토끼가 왕생할 수 있을지 몰랐지만, 문득 어떤 사람이 무릎을 꿇고 환자를 위해 독경을 해주던 광경이 생각 나서 나도 모르게 무릎을 꿇고 토끼에게 염불을 해주었다. 그 당시에 나는 주변의 일체를 잊어버리고(나중에 생각해보니 내가 그 당시에 어떻게 토끼 한 마리를 위해 무릎을 꿇을 수 있었는지 알 수 없었다.) 계속해서 쉬지 않고 토끼를 위해 나무아미타불을 불러준 것이었다.

어느새 토끼 몸의 털들은 점점 윤기가 흐르기 시작하였고, 특히 입주변의 털들은 특별히 희고도 빛났다. 토끼의 모습은 조용하고 차분하였는데, 절대 몇 시간의 실험을 거친 뒤 온몸이 이미 차마 볼 수 없을 정도로 난도질을 당한 토끼 같지가 않앉았다. 토끼의 태연자약한 모습은 마치 고통스러운 적이 없었던 것 같았으며, 심지어 정상적인 토끼보다 더 사랑스러웠고 마치 갓난 애기처럼 귀여웠다. 아무리 많은 문자로도 토끼의 그 당시 표정을 묘사할 수 없었으며, 지금에 이르러 다시 생각해봐도 아직도 그 때문에 몹시 놀라며 감탄하게 된다.

수업을 마치자 다른 팀의 실험도 끝이 났다. 실험에 사용되었던 토끼들은 회수통에 버려져 몇 번 발버둥 치다가 이내 숨을 거두었다. 나는 내가 부른 부처님의 명호가 그 토끼들을 전부 좋은 곳에 태어나게 해주기를 바랐다. 내 손위에 있던 맨 먼저 실험을 한 이 토끼는 여전히 귀엽고 사랑스러웠지만 부득불 회수통에 넣을 수밖에 없었기에 그 토끼에게 이렇게 말해주었다. "난 이제 가야해, 넌 슬퍼하지 말고 안심하고 극락세계로 가!"

갑자기 토끼가 두어 번 발버둥을 치더니 다시 눈

물 두 방울을 떨구었다. 나는 토끼를 내려놓으면서 왕생하기를 바라는 수밖에 없었다. 실험실을 떠나면서 나는 여전히 토끼를 위해 염불을 해주었다. 숙소에 돌아온 뒤에도 염불하여 회향해 주면서 오로지 토끼가 이미 서방극락세계에 왕생하였기를 바랄 뿐이었다. 나무아미타불!

2009년 10월 26일
광서 중의학원에서

20.
죽은 소가 천도 되어
더 이상 꿈에 나타나지 않다

19년 전에 나는 나무를 나르려고 한 두 살 된 소한 마리를 샀는데, 아주 귀여웠다. 나는 그 소를 매우 아끼면서 절대 남들이 사용하도록 빌려주지 않았다. 이 소는 일을 하는데 힘이 있고 최선을 다했는데, 일반적으로 아무리 큰 소라도 7·80센티 정도 되는 나무를 끌 수 있었지만 나의 소는 키가 작은데도 불구하고 1·2미터나 되는 나무도 끌 수 있었다. 수레를 메울 때도 한번 젖히기만 하면 스스로 들어갔으며, 매년 겨울이 되면 나에게 수천 원씩 벌어다 주었다.

나와 소는 차츰차츰 감정이 생겨 친형제처럼 서로 감통할 수 있을 정도였다. 이 소가 설사 눈앞에 없더라도 나는 어느 산골짜기에 있고 얼마나 멀리

있는지를 알아서 가기만 하면 생각한대로 거기에 있었다.

어느덧 십여 년이 지나 소가 늙어서 더 이상 일을 할 수가 없었고 걸음걸이에도 힘이 없었기에 나는 소를 잡는 사람에게 팔았더니 당일 밤에 그 소가 눈물을 흘리는 꿈을 꾸었다. 이튿날에 내가 그 소를 보러 갔다가 마음이 몹시 불편하여 먹을 것을 주었더니 한입도 먹지 않았는데, 저녁에 죽임을 당할 거라는 걸 알고 있었던 것 같았다.

그 후로부터 나는 자주 이 소를 꿈꾸었다. 어떤 때는 나를 막 쫓아와서 공격하기도 하고 어떤 때는 나에게 경고를 주기도 하였다. 이 소를 꿈꿀 때마다 이튿날이 되면 어김없이 하는 일이 잘 풀리지 않았으니, 몇 년 동안 하나의 법칙이 되었다. 그래서 나중에는 이 소를 꿈꾸고 나면 이튿날에는 아예 일을 나가지 않았다. 생각해보면 이 소가 아직도 나를 따라다니는 것은 아마도 나에 대해 한편으로 사랑하기도 하고 한편으로 원망하기도 해서일 것이다.

내가 상해에 와서도 여러 번 꿈꾼 적이 있는데, 둘째 누나 왕항매王恒梅가 날더러 칠일동안 염불을 하되 매일 백팔염주를 21바퀴 돌리고 염불을 하고 난 뒤에 소에게 회향해 주라고 하였다. 그때부터 소가 다시는 나의 꿈속에 나타나지 않았으니 아마도 부처님의 공덕으로 천도된 게 아닌가 싶다.

진염권秦艷權 구술 정종淨宗 기록,
2004년 10월 30일 상해에서

엄부제 사람은 동물을 죽여 귀신에게 제사지내지 말아야 한다.
그러면 망자에게는 아무런 도움이 되지 않는다.
오히려 죄의 연을 맺어 업만 더 깊고 무겁게 증가시킨다.
설령 망인이 살아생전에 선을 닦아 마땅히 좋은 세계로 오를 것인데,
권속들이 살생을 함으로 말미암아 도리어 악도에 떨어지게 된다.
하물며 선을 닦지 않은 사람은 어떻겠는가?
- 지장경

21.
아미타불의 성호로
96마리 소의 혼령을 제도하다

96마리 소의 혼령은 사천성(四川省) 남부에 사는 유정밀(劉淨密) 거사 집에서 가정부로 일하는 섭씨 아주머니가 전생에 도살한 소들이다. 섭 씨는 사천 사람으로 시집을 간 뒤로부터 자주 귀신들에게 시달렸는데, 매년 반드시 몇 번 발작을 하였으니 그 고통은 이루 말할 수 없을 정도였다.

민국21년(1932) 2월 유 거사 집에서 가사를 돕던 도중 갑자기 심한 병이 생기더니 온몸에 붉은 색 흉이 지면서 통증과 가려움이 몹시 심하여 죽고 싶은 심정이었다. 그래서 밖으로 달려 나가 강을 찾아서 물에 뛰어들어 자살하려 하였지만 주변에 있던 사람들로부터 저지를 당했는데, 마치 미친 사람처럼 소를 도살하는 참혹한 노래를 부르니 그 소리가 낭랑하여 곡조를 이루었고 소동을 그치지 않았다.

유정밀 거사가 가까이 다가가서 무슨 일이냐고 묻자 섭씨가 대답했다.

"어르신은 도량이 넓고 크십니다. 저는 섭씨가 아니라 그녀가 먼 과거 생 이전에 만현萬縣(지명)에서 백정노릇을 할 때 죽임을 당한 소입니다. 그래서 지금 그녀에게 원수를 갚으러 온 것인데, 96마리가 있습니다."

이에 유정밀 거사가 그들에게 말했다.
"너희들은 참으로 어리석구나. 사실은 너희들이 먼저 그녀를 죽였기 때문에 다음에 소가 되어 죽임을 당한 것이다. 그렇지 않고선 그녀가 어떻게 마침 너희 96마리 목숨만을 빼앗았겠느냐? 지금 너희들은 먼저 그녀를 죽인 것은 잊고서 그녀가 너희들을 죽인 것만 기억하고 있으니, 이렇게 원수

를 찾아 돌고 도는 것을 고통스런 윤회라고 부른
다. 영원히 서로 죽이기를 멈추지 않는다면 도대
체 무슨 이익이 있겠느냐?"

"만약에 그러하다면 저희들이 정말로 잘못했습니
다. 하지만 저희들의 목에는 아직도 피가 흐르고
있고 고통은 아직도 계속되고 있는데, 이 고통 때
문에 그 근원을 생각하여 보복하려는 마음이 일어
난 것입니다."

소의 말을 들은 유정밀은 "그걸 없애는 건 어렵지
않다."고 말하면서 찻잔에 차를 반쯤 따라오라고
하인에게 시키고는 감로주甘露呪를 세 번 외운 뒤
섭씨에게 마시라고 하였다. 그런데 섭씨의 손이
굽혀지지 않는 것이었다.
"소 발굽으로 어떻게 찻잔을 들 수 있겠습니까?"

그래서 하인을 시켜 섭씨에게 먹여주었다.
차를 마시자마자 기뻐하며 말했다.

"정말로 신묘한 물입니다."

그러고는 섭씨의 목을 만지면서 "이미 다 나았습니다." 라고 말했다.
또 손을 만지면서 "소 발굽도 이미 벗어버렸습니다."고 말하고, 다시 머리를 만지면서 "뿔도 이미 없어졌습니다." 하고 말했다.

너무나 경사스러운 나머지 허공을 향해서도 말했다.
"너희들에게 분명히 말하겠는데, 만약에 앞으로 다시 나를 우왕보살牛王菩薩이라고 부르면 그때는 너희들을 용서하지 않겠다!"
유정밀은 이어서 그들을 위해 윤회할 때 고통스러운 상황에 대해 설명하고 또 극락세계의 안온하고 즐거우며 영원히 생사의 고통을 면할 수 있음에 대해 설명하고는 다시 그들에게 물었다.

"너희들은 극락정토에 왕생하기를 원하느냐?"

"어르신의 말씀대로라면 어찌 원치 않겠습니까! 하지만 저희들은 죄업의 장애가 두터운데 어떻게 갈 수 있겠습니까?"

"너희들은 발원하여 염불하며 저 극락세계를 기뻐하며 흠모한다면, 내가 너희들을 위해 아미타 부처님을 청하여 너희들을 영접하게 하겠다. 그렇게 하겠느냐?"

"좋습니다! 좋습니다! 하지만 저희들은 오랫동안 굶주리고 있었으니 먼저 음식을 조금 주시길 바랍니다."

유정밀은 그렇게 하겠다고 약속하고는 깨끗한 그릇에 맑은 물과 밥을 담아 변식진언을 일곱 번 외우고 나서 대나무 밭에 뿌려주었다. 얼마 지나지 않아서 소의 혼령들이 "우리는 이제 많이 먹어서 배가 부릅니다."라고 말하면서 기쁜 마음으로 감사를 드렸다.

유정밀은 곧 뒷 창문 쪽의 공터에서 향과 초를 사

르며 아미타 부처님을 공손히 청하고는 왕생주, 반야심경, 대비주 및 불보살의 명호를 염송하였다.

이때 유 거사의 처 왕지서汪志西가 방에서 말하였다.

"너희들은 빨리 보아라. 아미타부처님께서 청하자마자 바로 오셔서 창밖에 장륙금신丈六金身으로 높이 서계신다. 모두 빨리 준비하여 부처님을 따라가거라!"

또 묻기를 "너희들은 극락정토가 보이느냐?"고 하자, "보입니다." 라고 대답하였다.

다시 "그 모습이 어떠하냐?"고 묻자, 극락정토의 모습을 자세하게 설명하는데 그 내용이 정토경전에 모두 부합하였다.

그들은 떠나기 전에 지성으로 감사드리며 말했다.

"이번에 베풀어 주신 호의는 저희들로 하여금 여

러 생의 원한이 하루 아침에 녹게 하였습니다. 저희들은 여러 해 동안 섭씨를 괴롭혀서 항상 고통에 시달리게 하였지만 이제 아미타부처님의 영접을 받아서 서방정토에 왕생하게 되었습니다. 섭씨이 사람도 어르신께서 자비로 거두시어 염불하여 함께 서방에 왕생할 수 있도록 타일러 주시기를 바랍니다. 다른 날에 어르신 부부가 서방정토에 왕생하실 때 저희들이 반드시 부처님을 따라 영접하러 올 것이며, 오늘날 염불한 공덕을 다시 돌려드려서 어르신이 받도록 하겠습니다." 말을 마친 후 조용해졌다.

얼마 후 섭씨가 깨어났는데 그녀에게 묻자 이렇게 말하는 것이었다.

"제가 마치 꿈속에서 성에 들어간 것 같았는데, 서쪽 거리로 가다가 한 무리의 소떼가 흉악한 모습으로 저를 향해 오는 것을 봤습니다. 그 소들의 목에서 피가 뚝뚝 떨어지는 모습이 너무나 무서웠습니다. 긴장되고 겁이나 어쩔 줄 몰라 하는데 어르신의 목소리가 들리더니 갑자기 주변 경치가 변하여 평평한 바닥과 우거진 나무숲이 깨끗하고 신선하고 아름다워서 놀기에 딱 좋았습니다. 그리고 갑자기 밥 향기가 평소보다 강하게 나더니, 소떼가 숲에서 밥을 먹으며 기뻐서 춤을 추는 것을 보았습니다. 그 외에는 분명하게 기억나는 게 없습니다."

그 후 다시는 소의 혼령이 섭씨를 괴롭히지 않았고, 섭씨도 줄곧 채식을 하였다.

유정밀 거사는 민국23년(1934) 봄 서강(西康)에서 출가하여 법명은 혜정(慧定)이다. 위의 이야기는 출가하기 전에 겪은 일은 기록한 것이다.

『개대환희皆大歡喜』 제1집

22.
돼지가 영성이 있어서
부처님께 절하며 염불하다

2003년 8월, 나는 부모님을 뵈러 집으로 갔다. 집에 가서 보니 돼지 한 마리를 기르고 있었는데, 며칠 사이에 곧 잡는다는 것이었다. 나는 비록 이 돼지를 구해줄 힘이 없었지만 아미타불께서 돼지를 구제하여 윤회에서 벗어나게 해주실 수 있다는 것을 알고 있었기에 바로 돼지를 향해 나무아미타불 명호를 불러주고 삼귀의를 해주고 나서 이렇게 말하였다.

"내가 오늘 승보의 이름으로 부처님을 대신하여 법을 전하기 위해 너에게 법문을 해주겠다. 네가 과거 생에 어리석은 한 생각으로 인해 삼보를 공경하지 않고 인과를 믿지 않았으며 갖가지 악업을 지었기에 윤회 가운데 떨어져 오랜 세월 고통 받고 있는 것이다. 금생에도 축생이 되어 피와 살로써 다른 사람들에게 지은 빚을 갚느라고 사람들에게 도살을 당하는 것이니 얼마나 고통스러운가! 만약에 내 말을 알아듣는다면 당장 나무아미타불을 부르고 나무아미타불을 믿고 아미타불의 구제에 의지하고 아미타불의 대원업력에 올라 극락세계에 왕생하여 다시는 윤회의 괴로운 과보를 받지 말아야 할 것이다.

아미타불께서 우리를 위해 48대원을 세우시고 시방중생을 구제하여 모두 당신이 성취하신 극락세계에 왕생하도록 하신다. 비록 네가 축생이지만 나무아미타불의 명호를 부르기만 하면 기필코 왕생할 것이니 의심하지 말고 아미타불의 구제를 받아야 한다."

축생도 감정이 통하는지라 내가 말을 마치자 이 돼지는 바로 먹이를 먹던 것을 중단하고 머리를 들고 나를 바라보면서 입으로 "흥·흥·흥" 하는 소리를 내었는데 마치 염불을 하는 것처럼 들렸다. 그 뒤로 도살되기 전까지 부친께서 매일 돼지에게 네 번씩 염불을 가르쳤는데, 그때마다 돼지는 앞발굽을 꿇고 앉아있었으니 마치 부처님께 절을 하는 것 같았다.

나중에 왕씨 도살업자로부터 이런 말을 듣게 되었다. "이상한 일이야! 이상한 일! 내가 여러 해 동안 돼지를 잡았지만 당신 집의 돼지와 같은 경우는 보지 못했네. 글쎄 고기를 밤새 놔뒀는데도 이튿날에 여전히 따뜻하였으니 정말 보살이 영험을 나타낸 것이야. 앞으로 나도 염불을 해야겠어!"

석종도釋宗道 기록

살생과 불살생의 과보

살생하는 사람은 금생과 내생에 갖가지 몸과 마음의 고통을 받게 되며,
살생하지 않는 사람은 이러한 여러 액난이 없으니 이것이 큰 이익이다.
아울러 망령을 천도하고 장례를 치르거나 재난을 소멸하기 위해서는,
모두 살생을 금하고 방생하는 것으로 복을 구해야 하며,
도와 배치되게 행해서는 안 된다.
그러면 헛되어 망자에게 업장을 더하게 된다.
- 대지도론

23.
악업도 아미타불의 구제를
장애하지 못하다

나의 귀의은사이신 북경 법원사法源寺 진명鎭明 노스님은 나와 같은 고향으로, 모두 사천성四川省 재동현梓潼縣 출신이고 일생동안 오로지 정토수행만 하신 분이다.

1992년 내가 아직 출가하기 전에 나에게 전수염불 하기를 권하기 위해 노장께서는 늘 나의 손을 잡고서 벽에 써져 있는 연지대사의 법어 한 단락을 가리키며 나에게 읽어주시곤 하셨는데, 지금까지도 그 법어를 기억하고 있다.

"대장경에서 설명하는 것은 계·정·혜에 지나지 않는다. 염불이 바로 계·정·혜인데 어찌 따로 문장을 찾고 글을 쫓을 필요가 있겠는가! 세월이 빠르게 지나가고 목숨 또한 견고하게 오래가지 못하나니 원컨대 모든 행자들은 정업을 급선무로 삼기를 바란다."

아울러 직접 나에게 당신이 어렸을 적에 고향 재동현 자강진에서 발생한 '비록 악인의 파괴를 만났으나 여전히 염불왕생한' 실제의 사례를 말씀해 주셨다.

이 사례가 굉장히 설득력이 있어서 사람들에게 깨달음과 신심을 줄 수 있기에 지금까지도 기억이 선하다. 다만 그 당시에 감동적인 이야기만 듣느라 당사자들의 이름에 대해 유심히 듣지 않았고, 또 스님께서 1996년에 왕생하셨기 때문에 구체적인 이름에 대해 이미 자세히 조사할 수가 없어서 매우 유감스럽게 생각한다.

사천성 재동현에 농촌 부부 한 쌍이 있었는데, 나이는 대략 마흔 살 정도였고 자식은 없었다. 하루는 아내가 매우 기뻐하며 남편에게 말하였다.

"당신에게 아주 기쁜 소식 하나를 말할게요!"
"무슨 좋은 일인데?"
"내가 오늘 사람들의 권유를 받았는데, 이제부터 채식하며 염불해서 서방극락세계에 왕생하려고요."

평소에 부처님을 믿지 않았기에 금은보화와 같은 재물을 얻었다는 기쁜 일인 줄 알았던 남편은 아내의 말을 듣고서 매우 탐탁지 않게 생각하였다. '내 마누라는 반드시 나와 같아야지 어떻게 남들처럼 무슨 부처를 미신한단 말인가! 안돼! 내가 막을 수 있는 방법을 생각해봐야겠어.'
남편은 마음속으로 작정을 하고 나서 입으로는 이렇게 말하였다.

"우리 둘은 한 밥솥에 밥을 지어 먹는데 당신이 채식을 한다면 설마 가마솥과 부엌을 따로 나눈단 말인가! 아무튼 나는 고기를 먹어야 하니까 당신이 나에게 시집 와서 내 마누라가 된 이상, 내가 먹을 수 있도록 해줘야 돼."

"걱정 마세요, 당신에게 피해주지 않을 테니까!"

아내는 식사 준비를 할 때 먼저 남편의 몫을 만들어서 밥상 위에 올려놓고 다시 본인 몫의 채식을 준비하였다. 이를 본 남편은 돼지기름 한 숟가락을 퍼서 아내의 채식에다 넣어 그녀가 깨끗한 채식을 못하도록 하였다. 그리고는 매번 식사를 마치고 나서 일부러 입을 닦으면서 말하였다.
"고기를 먹은 사람은 죄가 없지만 고기로 요리를 한 사람은 죄가 있어!"

이렇게 두 번·세 번 반복하고 나서 결국 아내가 채식을 포기할 수밖에 없었다.

남편은 계획이 뜻대로 되자 매우 기뻐하며 입으로 중얼거렸다.

"당연히 그래야지! 부부가 잘 살고 있는데 무슨 채식을 하고 무슨 염불을 한단 말이야! 부처를 믿

으면 서로 할 말도 없게 되는데 얼마나 재미없을
까!"

또 생각하기를, "채식은 이미 내가 막았고, 이젠
염불을 못하게 할 방법을 찾아야겠다. 그런데 염
불은 아무 때나 어디서나 할 수 있는 것이어서 그
걸 막을 수 있는 좋은 방법이 없구나."
이리저리 생각하다가 마침내 좋은 방법을 생각해
냈다. "바로 그거야! 내가 그녀에게 나쁜 일을 하
여 죄를 짓게 만들면 분명히 염불도 못하게 될 거
야."

남편이 비록 부처님을 믿지 않았지만 그래도 염불
하는 사람은 선행을 하고 덕을 쌓으며 착한 사람
이 되어야 한다는 것을 알고 있었던 것이다. 그러
니 그녀가 착한 사람이 될 수 없다면 염불할 자격
이 없는 게 아니겠는가! 채식도 좋은 일도 못하고
서 염불만 한다면 아마 부처님께서도 그녀를 받아
주지 않을 테니, 그렇다면 그녀가 스스로 염불을

포기하게 될 거다.

이에 남편은 돼지를 잡아서 고기를 파는 직업을 하기 시작하였는데, 매일 이른 아침마다 강제로 아내에게 돼지 다리를 꽉 누르라고 하였다. 아내는 어쩔 수 없이 무서워서 벌벌 떨면서 돼지 다리를 눌렀다. 돼지를 다 잡고 나서 남편은 또 일부러 말하였다.

"돼지를 잡은 사람은 죄가 없고 돼지를 누른 사람은 죄가 있어!"

이 말을 들은 아내는 마치 간장이 찢어지는 듯 가슴이 아팠다.

과연 그날부터 아내의 염불소리를 들을 수 없었다. 남편은 영험한 이 방법이 마음에 들어 매번 돼지를 잡을 때마다 예전대로 아내에게 돼지의 다리를 누르도록 하였다. 그 뒤로 돼지가 죽어가며

처절하게 울부짖는 소리가 염불소리를 대신하였으
며, 다시는 아내의 염불소리를 들을 수 없었다.

이렇게 삼년이 지난 어느 날, 아내는 집의 안과
밖·침대 시트와 이부자리를 전부 깨끗하게 청소하
고 씻고 가지런하게 정리를 하였는데 마치 명절을
보내는 것처럼 진심으로 기뻐하는 것이었다. 남편
은 이상하다는 느낌이 들어 물어보았다.

"당신의 행동을 보니 마치 먼 길을 떠나려는 것
같은데, 대체 뭘 하려는 것인가?"
"이제 집으로 가려고요."

아내의 말을 들은 남편은 무슨 말인지 몰라서 다
시 물었다.

"당신의 부모가 일찍 돌아가셔서 친정집에는 이미
사람이 없어! 여기가 바로 당신 집인데 다시 어떤
집으로 돌아간다는 거야?"

아내가 대답하였다.

"당신에게 솔직히 말하겠는데 내가 돌아갈 집은 당신이 말하는 집이 아니라 서방극락세계로 돌아간다는 겁니다. 당신이란 사람은 심보가 너무 나빠서 내가 본래 채식하는 염불인이 되고 싶었는데 채식을 못하게 만들었고, 채식을 못하더라도 염불만 할 수 있었으면 좋았을 텐데, 당신은 또 나더러 당신을 도와 돼지 다리를 누르라고 했어요. 게다가 매번 '돼지를 잡은 사람은 죄가 없고 돼지를 누른 사람은 죄가 있다.'고 말했으니, 고의로 내가 염불을 못하게 만들 작정이었어요.

나는 당신의 심보가 말로 타이를 수 없을 만큼 고약하다는 것을 보고 또 어떤 나쁜 일을 저지를지 몰라서 다시는 당신이 보는 앞에서 염불하지 않았죠. 요 몇 년 사이에 나는 줄곧 마음속으로 염불하였는데, 내가 누르고 있던 돼지 한 마리 한 마리마다 전부 마음속으로 염불하면서 기도했어요:

'돼지야! 내가 참으로 죄업이 두터워서 너를 구해 줄 수 없으니 아미타불께서 빨리 너를 데리고 정토왕생을 하도록 해야겠어!'

그러면서 돼지의 숨이 끊어질 때까지 계속 염불을 했지요. 그러나 내가 전혀 생각지 못한 것은 요 몇 년 동안 내 손으로 눌렀었던 돼지 한 마리 한 마리가 모두 이미 극락세계에 왕생을 했다는 거죠. 내가 그들에게 염불을 해준 것에 대해 감사함을 표하기 위해 삼일 뒤에 전부 아미타불과 함께 내가 서방극락세계에 왕생하도록 영접하러 오겠다고 했어요."

남편이 들어보니 그야말로 허황하고 터무니없는 이야기였다! 아내의 정신이 잘못되었나 싶어서 손으로 아내의 이마를 만져보면서 말했다.

"지금 고열이 나서 헛소리하는 거니, 아니면 삼년 동안 염불을 못해서 답답해 미친 거니? 다른 사람은 몰라도 당신을 내가 모를까봐! 내가 돼지를 잡을 때 당신이 다리를 눌러놓고, 그러고도 극락세계에 간다고?"

곧 우스갯소리로 여기면서 밖에 나가 온 동네 사람들에게 말하였다.

"내 마누라가 돌았나봐, 자기가 삼일 뒤에 무슨 극락세계를 간다고 말하질 않나, 또 돼지들도 극락세계에 갔는데 다시 부처와 함께 와서 자기를 데리러 온다고 하질 안나. 정말 금시초문이야! 그 누구도 죽길 원치 않고 모두 잘 살고 싶어 하지. 무슨 사람이 그것도 기쁘게 죽으려 한단 말인가!"

호기심이 많은 시골사람들이라 이 말을 듣고는 모두 그때 가서 도대체 무슨 일인지를 구경하려 하였다.
삼일 째 되는 날, 남편은 기상을 하자마자 온 방 안에 가득한 기이한 향내를 맡고서 몹시 궁금하여

온 집안을 살펴보았으나 이 향기가 어디서 나온 것인지 알 수가 없었다. 문득 오늘이 바로 아내가 간다고 했던 날이라는 게 생각이 났는데, 설마…… 몰래 아내를 쳐다보니 마침 가지런하게 몸치장을 하고 있는 것 외에 별다른 점은 보이지 않았다.

그런데 별다른 점이 없는 가운데 계속 일종의 말로 표현할 수 없는 분위기가 그로 하여금 평소와 다르다는 느낌이 들게 해서 마음속으로 생각하였다.

"내가 한 평생 마누라의 말을 진담으로 받아들이지 않았지만 오늘만큼은 한 번 믿어보고 도대체 어떻게 극락세계 고향으로 돌아가는지를 봐야겠다!"

그래서 남편은 암암리에 관찰을 하였다.

마을에서 구경을 하려던 사람들도 당연히 그 날짜를 기억하고 있었다. 저희 고향에서는 모두 사합원四合院 형식의 집들인데, 이날 아침부터 길을 지나가는 척하면서 문틈과 담 위로 머리를 내밀어

들여다보는 이들이 있었다.

몸치장을 마친 아내는 아무 말 없이 혼자서 의자 하나를 가져다 문 앞의 중앙에다 놓고는 얼굴은 구경꾼들을 향하고 두 발은 가지런히 내려놓고 두 손은 합장하여 눈을 감은 채 염불하였는데, 열 번도 안 되어 화색이 도는 얼굴로 그 자리에서 바로 왕생하였다.

이를 본 남편은 두 눈이 휘둥그레지더니 한동안 멍청히 바라보기만 하였다. 본래 아내가 말로만 그러는 줄 알았는데 진짜로 자신을 버리고 가버릴 줄을 생각지 못했던 것이다. 눈앞에 생생하고 갑자기 닥쳐온 현실은 그로 하여금 어찌할 바를 모르게 하였다. 순간적으로 부처님의 위대함과 실제로 존재함은 한 가닥 번쩍이는 광선처럼 그의 마음속 깊이 비쳐 들어 자신이 잔인하게 생명을 죽이고 남의 수행을 파괴하며 부처님을 비방하고 믿음이 없었던 등등의 죄악을 남김없이 환하게 드러냈다.

'아! 나 같은 사람이야말로 곧바로 지옥에 떨어지지 않겠는가? 이제 어떡하지?'

다시 뒤집어 생각을 하였다. '내 마누라도 채식을 하지 않았을 뿐만 아니라 내가 돼지를 잡을 때 그녀도 다리를 누르고 있었는데, 이렇게 염불하고도 불국토로 갔으니 그럼 내가 염불해도 갈 수 있지 않겠어! 안 돼! 나도 더 이상 이 직업을 해서는 안 되겠어, 지옥을 간다는 것은 너무나 무서운 일이야, 나도 내 마누라를 따라가야겠어.' 그 뒤로부터 남편도 염불인이 되었다.

내가 지금 아무런 보류 없이 그 당시 들었던 풍성한 법의 요리法餐를 동행 염불하는 사람들에게 드려서 아미타불의 아무런 조건이 없는 구제를 함께 누리기 바란다. 극악한 사람도 염불하면 필히 구제하니 이것이 바로 아미타불의 자비이다!

2001년 5월 18일 연명演明법사 기록

불살생의 이익

살생하지 않으면 두려운 바가 없게 되고 안락하여 공포가 없어진다.
내가 중생을 해치지 않기 때문에 그 또한 나를 해침이 없게 된다.
살생을 좋아하는 사람은 비록 그 지위가 왕이 되어도
스스로 편안하지 못하게 된다.
만약 살생을 좋아하지 않으면 일체 중생이 모두 의지하기를 좋아한다.
살생하지 않는 사람은 목숨을 마칠 때, 그 마음이 안락하고
의심이 없고 후회가 없다.
만약 천상이나 인간에 태어나면, 항상 장수하게 되고
이것은 득도(得道)의 인연이 된다.
또는 부처님께서 머무는 정토에 왕생하여
수명이 무량함을 얻게 된다.
- 대지도론

佛祖源流圖

【부록 1】
윤회와 인과의 기록들

1.
이승에서 옆집 닭을 훔치자
저승의 기록부에 바로 기록되다

양호(兩湖: 호남성과 호북성의 통칭) 지방에 생원 (선비) 한 명이 있었는데, 그 마음씨가 매우 정직 하였다. 마침 저승의 일곱 번째 전(第七殿: 태산왕 전)에 일손이 부족하여 옥황상제가 그에게 잠시 그 빈자리를 대신하도록 명하였다. 매번 며칠이 지날 때마다 생원은 저승에 들어가 업무를 봐야 했다. 다만 그가 할 일은 기록부만 조사할 뿐이어 서 따로 판결을 내릴 필요는 없었다.

그는 사람들이 지은 업이 다름으로 인해 받게 될 죄와 복도 따라서 다르다는 것을 보게 되었다. 매 번 사람들이 스스로 칼로 된 산과 검으로 된 나무 (刀山劍樹) 위를 오르는 것을 볼 때마다 그는 서둘 러 옆에 있던 사람들을 시켜서 구하려 하였으나 그 사람을 구하려 할수록 더욱 빨리 올라가서 결국은 그 사람들을 구해줄 방법이 없었다.

하루는 기록부를 읽다가 부인의 죄목이 기록되어
있는 것을 보았다. 그 죄목에는 '옆집의 닭 한 마
리를 훔쳤는데, 닭털까지 해서 무게가 총 한 근
열두 냥이다.'라고 적혀있어서 그 페이지를 접어서
표시를 해두었다.

이승에 돌아온 뒤 그는 부인에게 옆집의 닭을 훔

세상에 살생이 많으면 결국에는
도병겁(刀兵劫, 전쟁)이 오게 되며,
목숨을 빚지면
너의 몸이 죽게 된다.
재물을 빚지면
집이 타거나 허물어지게 되며,
처자식이 흩어지게 되는 것은
일찍이 중생의 집을 파괴했기 때문이다.
각각 그에 상응하는 과보를 받게 되나니,
귀를 씻고 부처님 말씀을 들어야 한다.
- 자수(慈壽)선사

쳤었냐고 물었다. 처음에 부인은 아니라고 부인하
였지만 나중에 저승에서 본 것을 말해주자 그제서
야 자수하였다.

"옆집의 닭이 말리던 곡물을 먹어서 실수로 그 닭을 때려죽였는데, 옆집 부인이 욕설을 퍼부어 창피를 줄까봐 두려워서 그 닭을 숨겨두었으니 아직 발견한 사람이 없었습니다."

그래서 죽은 닭을 찾아서 저울에 달아보니 많지도 적지도 않게 딱 한 근 열두 냥 이었다. 두 부부는 몹시 놀라고 이상하게 여기면서 죽은 닭과 그 닭의 값을 쳐서 옆집에 배상해주면서 사죄하였다.

얼마 후에 그가 다시 저승에 출근하여 그 기록부를 펼쳐보니 접었던 흔적은 그대로지만 부인의 죄목은 이미 흔적도 없이 사라졌다.

우익대사의 『견문록』

2.
시부모가 닭의 몸을 받아
경을 읽어서 천도시키다

휴녕休寧 주촌朱村에 주씨 성을 가진 사람이 있었는데 밖에서 장사를 하였다. 주씨의 부모는 일찍 돌아가시고 부인 허씨만 집에 있었는데, 우연히 계란 열 몇 개를 암탉이 품게 하였으나 시간이 지나도 병아리가 나오지 않았다. 어느 날 밤에 허씨가 꿈을 꾸었는데, 꿈속에 시부모가 밖에서 들어오시더니 모두 붉은 색 머리띠를 하고 있었고 안색이 비참해 보였다. 허씨가 입을 열어 여쭈려고 하는데 갑자기 닭장 앞에 이르러 사라졌다.

이튿날 아침에 가서 보니 병아리 두 마리가 껍질을 깨고 나온 것이었다. 허씨는 이내 깨달았다. "이는 틀림없이 시부모이시다." 그래서 병아리들을 보고 눈물을 흘리면서 물에 빠뜨려 죽인 다음 스님을 모셔다 삼일 동안 경전을 읽게 하여 시부모의 죄업이 사라지기를 기도하였다.

몇 달 뒤에 다시 꿈속에 시부모가 나타나 사의를 표하였다.

"우리 두 사람은 살아생전에 살생을 너무 많이 하여 저승에서 그 벌로 닭으로 태어나게 하여 끓는 물과 타는 불의 고통을 받게 하였다. 지금 다행히 며느리가 대신 참회를 하였기에 다시 사람으로 환생하게 되었다."

유곡원의 『우태선관필기右台仙館筆記』

3.
삼보를 공경하지 않아 닭의 몸을 받다

고소姑蘇 신당항神堂港에 사는 친척 반봉암潘奉巖의 별명은 성노서盛老鼠였다. 어느 날 시골에 사는 외조카를 찾아간 성노서는 조카가 닭을 잡아서 요리를 해드리려 것을애써 말려 면하게 되었다.

그 날 밤에 죽은 며느리가 나타나서 사의를 표하면서 말하였다.

"그 닭이 바로 저의 후신입니다. 제가 삼보를 공경하지 않아 축생의 몸을 받게 되었는데, 다행히 어르신의 자비력의 덕택으로 어제 칼도마에 오르는 것을 면하게 되었습니다. 제가 칠년 전에 잃어버린 비녀 하나가 대나무 통에 들어있으니 시어머니께서 찾아 갖도록 하십시오."

잠에서 깨어난 성노서는 이 닭을 달라고 해서 집으로 돌아오니 정말로 대나무 통에서 잃어버린 비녀를 찾게 되었다. 이에 두 부부가 모두 크게 깨달은 바가 있어서 함께 보타산에서 출가를 하였다. 그 후에 부인은 앉아서 왕생하였고 남편 역시 선종을 하였다.

우익대사의『견문록』

4.
삼보를 공경하지 않은 죄를
참회하여 개 몸을 벗다

고소姑蘇 주치화周致和는 약을 파는 것을 생업으로 삼았다. 한번은 죽은 며느리가 여동생의 몸에 붙어서 말하였다.

"제가 삼보를 공경하지 않아서 그 벌로 개 몸을 받았습니다. 매일 주방의 하인들로부터 매를 맞고 있어서 그 고통이 이루 말로 다할 수 없으니 속히 저를 구해주시기 바랍니다."

부모가 물었다.
"내가 너를 위해 자비참법 기도를 해준다면 네가 이익을 얻을 수 있겠는가?"
"참법의 힘에 의지한다면 이 고통에서 벗어날 수 있습니다."

이에 부모가 주씨 집에서 개를 데리고 돌아오니 삼일이 지나 죽었다.

우익대사의 『견문록』

5.
돈 삼분을 빚져 돼지가 되어 상환하다

남안현 산간에 한 주민이 밤에 일어났다가 옆집에 어떤 사람이 한 사람을 쫒으며 그 문으로 들어가 게 하는 것을 보았는데, 그 사람이 들어가려 하지 않으면서 말하였다.

"내가 그의 돈을 겨우 삼분밖에 빚지지 않았는데 어떻게 들어가라고 한단 말인가?"

쫒던 자가 지팡이로 때리자 그제서야 들어갔다.

주민은 자못 기이하게 여기어 이튿날 아침에 옆집으로 가서 물어보니 어제 밤에 돼지 한 마리를 낳았다는 것이었다. 주민은 다시 의심하였다. 왜냐하면 돼지의 값이 삼분밖에 안될 리가 없었기 때문이다. 얼마 지나지 않아 이 돼지가 뒷간에 떨어져 죽었는데, 마침 어떤 사람이 돈 삼분을 주고 그 돼지를 사게 되어 주민의 의심이 풀렸다.

우익대사의 『견문록』

6.
남에게 다섯 금을 빚져
당나귀가 되어 상환하다

고소姑蘇 김용천金龍川에게 처남 하나가 있는데 남호南濠에서 국수가게를 하고 있었다. 한 번은 그 집의 식구들이 당나귀를 때렸더니 당나귀가 갑자기 사람의 말을 하는 것이었다.

"내가 당신네 노주인에게 다섯 금의 빚이 있어서 일을 해주는 것인데, 당신이 어떻게 나에게 채찍질을 할 수 있는가?"

식구들이 크게 놀라 당나귀의 말을 그 주인에게 전해주었다. 주인이 부친이 보관하던 옛날 장부를 찾아서 살펴보니 과연 다섯 금을 빌린 차용증 한 장이 있는 것이었다. 그래서 차용증을 가지고 당나귀 앞에서 찢어버리며 말하였다.

"내가 이미 당신의 채무를 면해 주었다!"

이에 당나귀가 망설이더니 그만 죽었다.

우익대사의『견문록』

7.
소 세 마리가 빚을 갚는데
그 힘에 강약이 있었다

호주부湖州府 무강현武康縣에 관리 한 명이 있었는

데 그 이름을 잊었다. 하루는 길을 가다가 1남 2녀를 만나서 그 뒤를 쫓아 향환鄕宦 낙駱씨 집에 갔더니, 세 사람이 곧장 낙씨 집의 문으로 들어가는 것을 보고 마음속으로 의아해 하였다. 그래서 저녁 무렵까지 기다렸으나 나오지 않아 문지기에게 사람을 찾았더니, 문지가가 거짓말로 자신을 속이려 한다면서 서로 다투게 되었다.

주인이 그 소리를 듣고 깨달은 바가 있어서 각방에 출산상황을 조사해보라고 명하자 암소 한 마리가 막 송아지 세 마리를 낳았는데, 수컷 한 마리와 암컷 두 마리였다는 것이었다. 그래서 곧 관리를 불러 살피도록 하니 소 세 마리의 털색이 본인이 본 세 사람의 복장 색과 다르지 않은 것을 보고서야 이 세 사람이 이미 소로 태어났음을 알게되었다. 다시 그 사람들의 이름을 조사해보니 전부 낙가에게 빌린 쌀을 갚지 않은 이들이었다.

나중에 소 세 마리가 커서 그 힘에도 강약이 있

었는데, 빗을 많이 진 자는 힘이 세고 빚이 적은 이는 힘이 약했으니 조금도 어긋나지 않았다!

우익대사의 『견문록』

8.
돼지의 말을 들은 백정이
직업을 바꾸다

송강해구淞江海口에 주씨 성을 가진 자가 있었는데, 습관적으로 덩치가 큰 돼지를 받아서 도살하는 것을 직업으로 삼았다.

숭정기묘(崇禎己卯:1639)년 정월 사이 두 번째 북을 치는 시간에 우연히 뒷간을 가려고 일어났다가 사람의 말소리가 들려 도둑이라 의심하였다. 그래서 몽둥이를 들고 소리를 따라서 찾아갔더니 돼지 우리에서 복건사람의 말을 하는 것이었다.

"괴롭구나! 난 내일이면 틀림없이 죽게 될 거야!"

"당신은 본래 일곱 번 돼지 몸을 받아야 하는데, 이제 여섯 번을 받았으니 머지않아 고통에서 벗어날 것이다. 나는 다섯 번 돼지 몸을 받아야 하는데, 이제 첫 번째이니 더 괴롭구나!"

그 사람은 본래 복건성의 고향 말을 알아들을 수 있었기에 그 말을 듣고서 크게 놀라 드디어 악업을 그만두었다.

우익대사의 『견문록』

9.
돼지의 극락왕생 이야기

중국 湖北省潛江市漁洋鎭快嶺村(호북성 잠강시 어양진 쾌령촌)이라는 마을에 이발소가 있었습니다. 그 근처에 돼지를 도살하는 도살장이 있었는데 이발소 주인 거사님이 매일 매일 새벽에 일어나 염불을 할 때에 돼지들이 도살당하면서 지르는 비명소리를 들을 때마다 마음이 괴로워서 그들을 구할 수 있기를 바라는 마음으로 그 돼지들도 극락왕생하라고 기도해주었습니다.

일주일이 지난 어느 날 이홍송이라는 벙어리제자가 이발기술을 배우려고 와있었는데 웃으면서 이발소로 들어와서는 돼지가 연꽃을 타고 극락왕생하는 것을 보았다며 수화로 이야기했습니다.

너무나 놀랍고 신기한 그 이야기를 자세히 물으니 이발소 주인거사가 염불하면서 돼지들에게도 극락왕생을 기원해주니 돼지들이 합장을 하고 연꽃에 올라서 서방극락세계로 접인해 갔다는 것이었습니다. 집에서 염불을 하는데 돼지가 어떻게 듣느냐고 물으니 그는 "나무아미타불"글자를 가르키면서 나무아미타불 할 때마다 강렬한 금빛 광명이 용의 형상처럼 나와서는 끊임없이 돼지도살장을 비추더라고 했습니다.

그의 말이 사실인지를 검증하기 위하여 다시 시방 법계를 생각하며 염불을 하니 그가 말하기를 여덟 방향에서 금색용같은 광명이 나와서 나무아미타불 명호가 팔방으로 퍼져나간다고 했습니다.

그 이후로 이발소 주인거사는 매일 도살장의 돼지 들을 위하여 염불해주기로 서원을 세웠고 진허공 변법계의 중생들을 위해 염불하기로 서원을 세웠 답니다.

혜정상인 법문

만일 제(아미타불)가 무등정각(無等正覺)을 증득할 때에,
다른 불국의 모든 중생이 나의 이름을 듣고는
지닌 착한 뿌리를 회향하여 나의 나라에 나기를 원하여
열 번 염불하고 만일 얻어 나지 못할진대 정각을 취하지 않으리다.
오직 무간지옥업을 지어서 정법과 성인을 비방한 자는 제외합니다.
- 대보적경

10.
나는 개구리가 '아미타불'을 부르는
소리를 들었다

여 기자의 기록(2011년 6월 8일의 설명) :
이 글은 6월 3일에 쓴 것입니다. 그 뒤로 조회량
이 너무 많아짐에 따라 한 친구는 이 글이 다른
사이트에 많이 스크랩 되어 갔다고 일러주었습니
다.

그리고 이 글은 빠른 속도로 Facebook과 QQ에
도 전재되었습니다. 많은 사람들은 자신의 블로그
에 〈여기자와 개구리의 이야기〉란 제목으로 글을
올렸습니다….

그 파급효과는 상상을 초월할 정도였습니다. 많은
친구들이 저에게 글을 삭제할 것을 제안해 왔는
데, 말법시대의 중생들이 5독(五毒)에 마음이 침식
되어 저의 뜻이 **'살생은 두렵지 않아! 천도만 해주**

면 돼!' 라는 식으로 와전될까 두려웠던 것이었습니다.

주의하십시오!
저의 글은 참회를 하기 위함입니다. 저는 지옥에 갈까봐 두렵습니다.

또 어떤 친구들이 글을 삭제할 것을 제안하는 이유는 제가 그 친구들의 마음속에 줄곧 좋은 이미지로 자리 잡고 있었기 때문이었습니다. 여러분들의 용서를 빕니다. 저는 죄업이 많은 사람입니다.

또 어떤 친구는 저의 잘못을 글로 써서 법우님들께 주의를 환기시킬 것을 제안하였는데, 아주 좋은 제안인 것 같습니다.

절을 올리고 받아들이겠습니다.
괄호안의 글은 저의 참회문입니다.

여기자의 참회

【원문】 :

맛있는 요리에 관한 프로그램 몇 편을 제작하게 되었는데, 어느 날 그 중 잘나가는 식당에서 〈개구리 세 마리(三只蛙)〉란 요리를 촬영하게 되었습니다.

(6월 8일의 설명: 채식만 하던 제가 왜 프로그램 한 편 때문에 개구리를 죽이게 되었을까요? 왜냐하면 이것이 바로 인연이었던 거죠. 제가 전생과 금생에 줄곧 살생업을 지었기 때문에, 뿌리가 있으니 조건이 갖추어지자 곧 마음이 움직이게 된 거죠.)

어느 날, 저는 시장에서 황소개구리를 파는 것을 보고 세 마리를 샀습니다. 개구리를 파는 사람은 손발이 잽싸게 개구리를 잡고는 껍질을 벗기고 비닐봉지에 넣어주었습니다.

요 몇 년 사이, 제가 산 고기들은 기본적으로 '삼정육(三淨肉)'들이었습니다. 바로 죽일 때 직접 보지 않은 육류들이지요. 이것은 불법(佛法)에서 방편문에 속합니다. 그런데 생선, 새우 등은 삼정육이 없습니다.

예전의 제 남편은 끼니마다 고기가 없으면 식사를 하지 않을 정도였지만, 제가 채식을 시작하고 나서부터는 육식을 많이 줄였습니다. 남편은 본래 생선과 새우 등을 즐겨 먹었지만 직접 사지는 않았습니다. 남편은 그들이 물속에서 펄쩍펄쩍 뛰어노는 것을 보면 차마 죽일 수가 없다고 하면서 가끔 마른 해물을 사서 끓여 먹으며 식탐을 해결하곤 하였습니다.

(6월 8일의 설명: 비록 남편은 부처님께 귀의를 하지 않았지만, 그는 진정으로 자비로운 분입니다. 법우님들, 당신은 비록 부처님께 귀의를 하였지만 귀의를 하지 않은 중생들만 못할

수도 있습니다.)

그러니 살아있는 것들을 제가 살 수 밖에 없었습니다.

(6월 8일의 설명: 주의하십시오! 이것은 절대로 죄업입니다. 살아있는 생명은 삼정육이 아니라 살생입니다! 만약 살생이 별 것 아니라고 생각하신다면, 그렇다면 반드시 과보가 따르게 될 것입니다. 우리는 줄곧 살생을 해왔습니다. 만약 우리가 계속해서 살생업을 버리지 않는다면, 결국엔 독자 여러분! 우리는 반드시 지옥에서 만나게 될 겁니다. 저는 이미 참회를 하였지만 여러분은 어떠신지요?)

저는 개구리 세 마리를 사서 집에 돌아왔습니다. 그 중 두 마리는 아직 죽지 않고 꿈틀거리며 움직이고 있었는데, 저는 아마도 신경이 아직 살아 있어서 그렇겠지 라고 생각했습니다. 저는 그들을 물로 씻고 나서 도마 위에 올려놓았습니다.

한 마리는 완전히 움직이지 않았고, 한 마리는 가끔 발을 한 번씩 움직이곤 하였으며, 한 마리는 힘껏 상반신을 들어 올리려고 하였습니다. 그때 저는 그 개구리의 볼록 튀어나온 눈에서 분노와 절망을 보았습니다. 그 개구리는 저를 쳐다보고 있는 것 같았습니다.

깜짝 놀란 저는 무의식적으로 나도 모르게 한 쪽으로 숨어버렸습니다. 이때 개구리는 온 몸에 경련을 일으키며 발버둥치고 있었습니다. 이처럼 고통스러워하고 있는 개구리의 모습을 보고 저는 끝내 울음을 터뜨리고 말았습니다.

저는 개구리 곁으로 다가가 몸을 숙이며 말했습니다.

"개굴아! 내가, 내가 너를 죽였어. 봐! 바로 나야!

내 생각에 나의 죄를 참회할 수 있는 가장 좋은 방법은 너에게 이것을 일러주는 거야. 우리는 모두 다 비참해! 너는 개구리야, 내가 너를 죽이지 않더라도 다른 사람이 너를 죽일 거야! 그러니까 날 미워하지 마. 네가 다시는 개구리로 태어나지 않아야만 즐거움이라고 하는 것이 있는 거야…"

(저는 매우 위선적이었습니다. 사실 저는 개구리가 나에게 복수를 할까봐 두려웠던 것입니다.)

이때 개구리는 발악을 멈추고 머리를 치켜들고 있었는데, 마치 열심히 저의 말을 듣고 있는 것 같았습니다.

사진 속 맨 위쪽은 이미 죽은 개구리이고, 가운데가 바로 저의 말을 듣고 있는 개구리입니다. 그는 머리를 치켜들고 도처에서 저를 찾고 있었습니다.

그 당시 저는 도마의 오른쪽에 서 있었는데, 그

blog.sina.com.cn/2002scarlett

지금 사진 속의 개구리 중에 가장 왼쪽은 처음부터 죽어 있었던 개구리이고, 가운데가 바로 맨 먼저 저의 말을 듣고 있었던 개구리입니다. 그 개구리의 눈빛은 유난히 빛났습니다. 그리고 오른쪽에는 본래 이미 거의 다 죽어가고 있던 개구리였는데, 염불소리를 듣고 나서 그 개구리도 머리를 높이 치켜드는 것이었습니다. 이때 저는 도마의 좌측에 서 있었으니, 바로 개구리들의 우측이지요. 개구리들은 머리를 우측으로 돌려 저를 쳐다보며 염불소리를 듣고 있었습니다.

개구리는 머리를 좌측으로 돌려 저를 쳐다보고 있었습니다.

사진 속, 제일 아래쪽에는 본래 이미 거의 움직이지 않던 개구리였지만, 저의 말을 듣고는 다리를 움직이기 시작했습니다.
저는 계속해서 말했습니다.

"내 말을 잘 들어! 우리가 아미타불을 부르면 죽음이 없는 곳으로 갈 수 있어! 거기를 가면 고통도 없고 살육도 없어… 아미타불은 너희들이 당신의 명호를 부르는 소리를 듣기만 하면 직접 오셔서 너희들을 극락세계로 데리고 가신다고 하셨어…"

이때 저는 두 번째 개구리도 머리를 치켜들고, 두 마리가 함께 머리를 들고 똑바로 저를 바라보고 있는 것을 보았습니다.

저는 그들이 나를 바라보며 나의 말을 듣고 있다는 것을 믿을 수가 없었습니다. 저는 아미타불을 부르며 도마의 반대편으로 자리를 바꾸었습니다.

세상에! 개구리들은 나의 염불소리를 따라 저를 향해 머리를 돌리는 것이었습니다.

이 개구리들은 이미 다 잡아놓은, 이미 껍질을 벗기고 내장을 다 드러낸 상태였습니다! 저는 개구리들의 사진을 찍어 놓고 남편이 돌아오면 그에게 보여주려고 했습니다. 저는 매우 두려웠습니다.

(제가 사진을 찍은 것은 사진 찍기를 좋아해서가 아니고, Facebook에 올리기 위해서도 아닙니다. 특이한 일을 보면 사진을 찍는 것이 직업의 습관입니다. 하지만 깊이 들여다보면 자비심이 없어서입니다!)

저는 계속해서 아미타불을 부르고 또 부르고 불렀습니다.

그들도 열심히 듣고 있었습니다. 그들의 눈 속에는 더 이상 두려움과 절망이 보이질 않았습니다. 조금 뒤, 그 중의 (맨 오른쪽) 개구리 한 마리가 천천히 머리를 떨구고 말았습니다. 죽은 것 같았습니다.

그 개구리의 몸은 처음부터 죽어 있었던 개구리(맨 왼쪽)와는 달랐습니다. 그 개구리는 몸이 굳어 있었지만, 이 개구리의 몸은 나중에 제가 만져 보았을 때도 유연했습니다.

그리고 남은 개구리, 바로 처음에 발버둥을 치며 나를 무섭게 만들었던
그 개구리(가운데)는 줄곧 몸을 세우고 저를 바라보고 있었습니다.

저는 계속해서 염불을 하였습니다. 아미타불, 아미타불….

개구리의 눈은 매우 밝았습니다. 눈 속에 어떤 빛이 있어서 매우 밝았습니다. 그 빛은 마치 개구리의 눈 속으로부터 나온 것 같기도 하고, 또 마치 다른 곳으로부터 비쳐진 것 같기도 하였습니다.
개구리는 이처럼 허공을 뚫어지게 바라보고 있었습니다. 마치 열심히 저의 염불소리를 듣는 것 같기도 하고, 또 마치 허공 속에
서 들려오는 더욱 미세한 어떤 소리를 듣고 있는 것 같기도 하였습니다.

저는 계속하여 염불을 하고 있었습니다.

이렇게 대략 20여분쯤이 지나서, 갑자기 개구리는 힘껏 앞을 향해 뛰었습니다. 그는 주둥이를 움직이며 한마디 내뱉었습니다.

"아미타불!"

세상에! 저는 분명히 들었습니다. 개구리의 발음은

조금도 틀리지 않았습니다. 이미 잡혀서 껍질은 다 벗겨지고 내장도 다 드러낸, 속이 텅 빈 개구리였습니다! **(개구리는 이미 폐가 없었고, 발성을 할 수 있는 기관도 없었습니다.)**

그런 다음, 더 이상 움직이지 않았습니다. 이렇게 개구리는 죽었습니다. 그 개구리는 줄곧 이와 같은 자세를 유지하고 있었습니다. 머리를 들어 허공을 바라보면서 윗몸을 일으켜 세우고 있는 자세 말입니다.

이튿날 아침에도 똑같은 자세였습니다.**(저는 더 이상 사진을 찍지 않았습니다. 너무 놀라서 사진 찍는 것을 잊어버렸던 것이지요.)**

그날 밤, 저녁 식사 시간에 본래 〈개구리 세 마리〉라고 불리는 요리는 없었습니다.

저는 개구리가 서방극락세계에 갔으리라 믿습니다.

불법은 본래부터 믿기 어려운 법입니다. 불법을 듣자마자 의심 없이 깊이 믿을 수 있는 최상근기의 사람이 과연 몇 명이나 될까요?

염불하여 성불한다는 것은 더욱이 믿기 어려운 대원만의 지혜입니다. 배를 가르고 껍질을 벗기고 내장을 다 드러낸 개구리도 부처님을 믿고 염불하여 성불을 할 수 있건만, 손발이 성한 우리들은 어떻습니까?!
아미타불, 아미타불, 아미타불!

6월 8일 후기 :

저의 잘못은, 다른 사람이 죽인 것은 제가 죽인 것이 아니라고 생각한 것입니다. 사실, 저의 가족은 지금까지 육식을 강요한 적이 없었습니다. 모두 저의 가족을 '사랑하는 마음'이었습니다. 저는 불교를 믿고 채식을 하기 때문에 자신이 죽일 수

없으니, 다른 사
람을 시켜 죽이게 한 것이었습니다. 마치 많은 사
람들이 말하기를 자신은 오직 채식이 없어서 어쩔
수 없을 경우에만 육식을 한다는 것과 같습니다.
얼핏 보면 매우 착한 것 같습니다. 하지만 전부
스스로 옳다고 여기는 '착함'일 뿐입니다.

우리가 가족들에게 살생을 한 육류를 먹이지 않는
것이 진정한 사랑이며, 자신에게 어떠한 살생의
구실도 주지 않는 것이 비로소 진정한 자비입니
다.

「오후불식」을 하시는 고승들은 하루에 한 끼만
드시지만, 우리는 단지 한 끼만 안 먹고, 고기 한
입 안 먹는 것뿐입니다. 굶어죽지 않습니다!
또한, 여러분! 꼭 알아두십시오.
우리들은 그 누구도 자신이 살해한 중생들을 천도
할 능력이 없습니다!

저는 개구리가 아미타불을 부르는 소리를 들었습니다. 제가 개구리를 천도한 것이 아니라, 불보살님께서 저에게 일러 주신 것입니다.

도살칼을 내려놓아라!
도살칼을 내려놓아라!

저는 줄곧 살생을 해왔습니다. 다만 직접 죽이는 것을 다른 사람을 시켜 죽이게 하였을 뿐이었지요.

여러분! 저의 죄를 똑똑히 보십시오.
이 글의 본의는 참회를 하기 위함이지 결코 여러분이 살생을 해도 된다고 부추기는 것은 아닙니다. 저는 이 글을 이렇게 많은 분들이 읽을 것이라고는 생각조차 못했습니다. 저의 무지함이 여러분들을 오도할까봐 두렵습니다.

저는 이런 말씀을 드리고 싶습니다. 여러분들의

모든 비난을 저는 전부 받아들이겠습니다.
하지만 여러분!
저를 바라볼 때, 자기 자신에게 또한 물어 보십시오….

사이트에 들어가 보면 개구리가 있습니다. 그 개구리는 당신에게 말합니다.

 아미타불!

진심으로 참회합니다!

2011년 6월 8일

살생을 금하는 집은 선신이 보호하고,
재난과 횡액을 소멸하며, 수명을 늘린다.
자손이 어질고 효순스러우며,
길하고 상서로운 일이
많으니 다 열거하여 말할 수 없을 정도다.
살생은 널리 원한의 업을 쌓는 것이며,
아울러 숙세에 쌓아온 복과 수명을 점점 소멸하고 감소하게 한다.
그러므로 매년 해가 바뀌는 때, 경사스러운 생일, 결혼일, 개업날 등
손님을 청하는 경사스러운 날에는 마땅히 널리 방생을 행해야 하며,
이때 살아있는 목숨을 죽이거나 자연계의 생명을 해쳐서는 안 될 것이다.
- 연지대사

【부록2】
동물왕생의
도리

'닭을 위해 염불하자
부처님께서 닭을 내영하다'
에 대한 법문

일반적으로 정토왕생을 하려면 설사 성인이 아니라 하더라도 지혜가 뛰어나고 용맹정진하는 대수행자이어야 하고, 설사 대수행자가 아니더라도 선근이 많은 사람이어야 한다고 생각한다. 그러나 경전에서 설하기를 "일생 동안 악업만 짓고 선이 없는 사람이 다음 생에 반드시 삼악도에 떨어져 고통을 받아야 하지만, 그 사람이 임종할 때 떨어질락 말락 하기 전에 한 번만 염불해도 왕생할 수 있다"고 하셨으니 참으로 불가사의하다!

그러나 이 왕생사례는 더욱 기이하고 또 기이하다:
첫째, 왕생자는 닭이지 사람이 아니다.
둘째, 닭 자신이 염불한 게 아니라 완전히 다른 사람이 닭을 위해 염불해 주었다.

셋째, 닭에게 염불해준 사람은 고승대덕이 아니고, 또 오래 수행하여 공부가 깊은 사람도 아니며, 단지 초심자, 심지어 불법을 모르는 어린이였다.

넷째, 염불자가 단지 진심으로 불쌍히 여기면서 산란한 마음으로 칭념하였고, 심지어 마음속으로 묵묵히 염불하였을 뿐이니, 정신을 집중시키고 청정한 마음으로 관상 등을 한 게 아니다.

다섯째, 염불하는 사람의 수가 한·두 사람밖에 되지 않았기에 많은 대중이 아니었다.

여섯째, 염불하는 시간이 짧아서 몇 번·수십 번, 몇 분 정도밖에 되지 않았다.

일곱째, 염불을 할 때가 마침 닭이 막 도살을 당하여 몹시 두렵고 고통스러워 할 때여서 전혀 평소의 여유롭고 편안함이 없었다.

여덟째, 하루사이에 발생한 두 건의 닭을 잡은 사건에서 똑같이 염불을 만나 똑같이 부처님의 영접을 받았고 효과도 완전히 똑같았다. 따라서 우연이 아니라 반드시 필연적인 요소가 있었음을 알 수 있다.

이 기이한 왕생사례는 기록자 개인이 당일 직접 들은 것이고, 게다가 어린이들이 단순하고 질박하여 거짓말로 속일 이유가 없으므로 당연히 믿을 만하다. 현재의 사례로써 옛날의 사례를 검증해보면 옛날의 기록이 거짓이 아님을 알 수 있고, 옛날의 사례로써 현재의 사례를 검증해보면 현재 사건이 그릇되지 않음을 알 수 있다. 비록 고금의 시간이 다르고 지역이 다르다고 하나 아미타불의 구제에는 영원히 변함이 없고 불법의 진리는 시공을 초월한다.

이 사례는 우리에게 많은 깨달음을 줄 뿐만 아니라 경문과 조석(祖釋: 조사의 해석)에 유력한 사실적 증거가 된다.

첫째, **아미타불의 구제의 수승함과 용이함·불가사의함을 증명하기에 충분하다!** 어리석고 둔한 축생들이 불법에 대해 아무런 견문과 수행 없이 겨우 임종 시 도살을 당할 때 자신을 위해 염불을 해주는 사람을 만나서 아미타불의 접인을 받아 서방극락세계에 왕생하였으니, 누구라도 염불만 하면 모두 왕생할 수 있다.

둘째, 축생류의 중생들은 본래 업장이 두터워서 해탈하기 어렵다. 그러나 매일 수많은 축생들이 도살을 당하는 가운데 오직 이 한두 마리만 자신을 위해 염불을 해주는 사람을 만났다는 것은 과거 생에 선근이 있어서 오늘의 인연이 성숙함이 나타난 것임을 알 수 있다. 마치 『왕생론』에서 "**부처님의 본원력을 만나면 헛되이 지나치는 자가 없다.**"고 설하신 바와 같다.

또한 축생류의 중생들은 사람들처럼 강한 분별심이 없기 때문에 도살을 당할 때 누군가 그들을 위해 염불을 해줌으로 인해 아미타불께서 바로 몸을 나투실 때에, 도리어 쉽게 저 부처님 명호의 원력과 광명의 섭취에 수순하여 곧바로 부처님을 따라서 왕생할 수 있다. 마치 경에서 "도의 자연스러움"이라 설하시고, 또 "자연히 이끌린다."고 설한 바와 같다.

또 설하시길, "반드시 윤회의 고리를 끊고 안양국에 왕생하여 단숨에 오악취를 끊게 되리니, 악도는 저절로 폐쇄된다."고 하셨다. 이는 당연히 **축생들에게 어떤 수행력이 있어서가 아니라 완전히 아미타불의 대원업력의 도에 수순하여 저절로 이끌린 결과이다.**

『무량수경』에서 다음과 같이 설하고 있다.

"무량수불의 위신력과 광명은 가장 높고 뛰어나서 모든 부처님의 광명이 능히 미치지 못한다. 만약 삼악도의 괴로움에서 이 광명을 보게 된다면 모두 휴식을 얻으며, 다시는 괴로움을 겪지 않고 목숨이 다한 뒤에 모두 해탈을 얻게 된다."

그리고 『장엄경』에서도 다음과 같이 설하였다.

"삼악도 가운데 지옥·아귀·축생들이 모두 나의 나라에 태어나 나의 법화法化를 받고 머지않아 모두 성불하게 된다."

셋째, 인도人道의 중생들이 사유력과 조작력으로 인해 만약 선법에 수순하여 나아간다면 쉽게 승천할 수 있고, 만약 삿된 사유로 나아가 온갖 악업을 짓는다면 곧바로 타락하게 될 것이다. 그러나 선법에 수순하여 나아가는 자는 적고 삿된 생각으로 악업을 짓는 자는 많기 때문에 경전에서 **사람 몸을 받은 이는 손톱에 낀 먼지의 수와 같고 사람 몸을 잃은 이는 대지의 흙의 수와 같다**고 설하신 것이다.

그리고 비록 불법을 닦더라도 만약 자신의 분별심에 대한 집착이 강하여 아미타불의 불가사의한 구제에 수순하지 못하고서 반드시 어떻게 어떻게 해야만 왕생할 수 있다고 생각한다면 이처럼 가장 수승한 법문에 도리어 장애가 될 것이다. **지금 현**

재도 어떤 사람은 수많은 경론들을 읽었지만 아미타불의 구제법문을 믿지 못하기 때문에 임종할 때 엉망진창으로 도리어 저 축생류의 중생들이 장엄하게 왕생하는 것만 못하니 참으로 불쌍한 사람들이다.

경에서 설하시길, "교만하고 악하고 게으른 사람은 이 법문 만나도 믿기 어렵다."고 하였고, 또 "가기 쉬운 극락에 가는 사람이 없다!"고 한탄하셨으니, 바로 이런 현상을 두고 하는 말이다. 따라서 얻기 힘든 사람 몸을 얻었으면 마땅히 선법에 수순하여 나아가야 하고 특히 아미타불의 불가사의한 구제에 수순해야 한다.

넷째, 삼악도의 중생들이 평소에 아무런 수행 없이 극락왕생을 한 경우가 있고, 인도人道의 중생들이 부지런히 온갖 수행을 했음에도 불구하고 왕생하기 어려운 경우도 있다. 그 원인은 어디에 있는가? 오직 부처님의 원력에 수순하고 수순하지 않고에 달려 있다. 따라서 **비록 왕생을 원하나 저 부처님의 서원을 믿지 못하고서 반드시 어떻게 어떻게 해야만 비로소 왕생할 수 있을 거라고 여기는 강한 분별심이야말로 왕생을 장애하는 원흉이다.** 만약 이러한 생각만 없다면 모든 사람이 염불할 수 있고 염불하면 모두 왕생할 수 있다.

다섯째, 아미타불의 명호와 아미타불의 본신이 일체인 까닭에 담란대사께서 '**명호가 곧 법이다**名即法'고 설하고 '**명호와 본체가 둘이 아니다**名體不二'고 설하신 것이며, 칭명을 할 때 부처님께서 바로 몸을 나투시기 때문에 선도대사께서 '**소리에 응하여 바로 오셔서 몸을 나투신다.**'고 설한 것이다.

또한 명호와 광명이 일체인 까닭에 칭명하는 사람은 필히 부처님 광명의 섭취를 받기 때문에 선도대사께서 『아미타불』과 『관경』에 의거하여 해석하시길, "**저 부처님의 광명이 무량하여 시방국토를 비추는데 장애가 없어서 오직 염불하는 중생을 살피시어 섭취하여 버리지 않기 때문에 아미타라 부**

르는 것이다."고 하신 것이다. 따라서 어떤 사람이라도 칭명염불만 하면 부처님께서 바로 몸을 나투시고 부처님의 광명으로 바로 섭취하신다.

예컨대 이 사례에서 닭이 비록 염불할 줄 모르지만 누군가 염불을 해준 덕택에 아미타불께서 즉각 몸을 나투신 것이다. **부처님께서 몸이 나툰 이상, 부처님의 광명이 바로 비치어 업장을 소멸시키고 안락함을 주게 되니, 비록 삼악도의 중생일지라도 이 광명을 보면 모든 고통이 전부 쉬게 되고 한 생각만 되돌리면 바로 안락국에 왕생할 수 있는 것이다.** 이는 아미타불의 명호 속에 본래 갖춰진 자연스런 기능이다.

여섯째, 따라서 **사람들을 위해 조념을 해주거나 서방에 왕생할 수 있도록 천도를 해주고자 한다면 모든 불사佛事 가운에 염불만한 게 없음을 알 수 있다.** 왜냐하면 다른 경전과 진언을 외우거나 관상을 하려면, 만약 수행을 오래하여 심력이 집중

되고 마음이 흐트러지지 않는 자가 아니면 그 효과는 크게 뒤떨어질 것이며 심지어 부작용도 생길 수 있지만 **염불은 단지 입만 열면 부처님께서 바로 몸을 나투시고 부처님의 광명이 바로 비치게 되기 때문이다.**

예컨대 본 사례에서 닭을 위해 염불한 사람은 단지 불교를 갓 배우기 시작한 사람이고, 또 불법에 대해 전혀 모르고 있는 어린애가 단지 입에서 나오는 데로 산란한 마음으로 칭념한 것에 불과하며, 게다가 마음속으로 묵묵히 염불하였음에도 불구하고 아미타불께서 똑같이 영접하러 오신 것이다.

따라서 반드시 큰 스님이거나 아니면 수행을 오래하여 공부가 아주 깊은 사람을 요구하지 않음이니, 아미타불의 '명호와 본체가 둘이 아니고'·'광명과 명호가 둘이 아니기' 때문이다.

일곱째, 이로써 왜 **위험하고 위급한 곳·어둡고 두려운 곳에 있을 때 염불만 하면 바로 재난을 소멸하고 두려움을 없앨 수 있는지를 알 수 있다.** 왜냐하면 염불하면 바로 부처님께서 몸을 나투시어 보호해주시고, 부처님께서 바로 광명을 놓아 섭취를 해주시기 때문이다.

여덟째, 무릇 도살장·병원·화장터·묘지·사고다발지역 등의 음침하고 청정치 못한 장소에는 흔히 업장과 나쁜 기운들이 많아 사람들로 하여금 불길한 예감이 들고 두려운 느낌이 생기게 한다. 이때에 만약 염불할 수 있다면 비단 자신이 부처님께서 몸을 나투시어 부처님의 광명으로 머리를 감싸주시는 보호를 받아 털끝 하나 다치지 않을 뿐만 아니라 동시에 인연 있는 중생들을 이익케 하여 그들이 고통에서 벗어나도록 제도하여 감사하는 마음이 생기게 할 수 있다.

우리가 알아야 할 것은, **그런 장소에 있는 중생들**

은 왕왕 몹시 원망하고 몹시 괴로워하기 때문에, 만약에 어떤 사람이 그런 환경 속에 들어가 염불을 하지 않는다면 마치 한 사람이 아무런 방호조치 없이 총탄이 빗발치는 거리를 걷다가 쉽게 총알에 맞게 되는 것처럼 나쁜 기운에 휩싸이게 된다. 따라서 이런 상황에서는 더욱이 염불해야만 큰 재난을 피할 수 있고 큰 복을 쌓을 수 있으며 큰 공덕과 큰 이익이 생기게 된다.

아홉째, 식탁 위에 육류가 올라온 경우를 만났을 때 혹 입으로 칭념을 하거나 아니면 마음속으로 묵묵히 아미타불을 불러서 그 공덕을 도살당하여 불에 구워지고 삶겨진 중생들에게 준다면, 그들의 고통과 분노하고 원망하는 마음을 줄일 수 있고, 나아가 극락정토에 왕생하도록 천도시킬 수도 있다.

그러므로 채식을 하는 게 가장 바람직하나 어떤 상황에서 완전한 채식을 할 수 없을 경우에는 반드시 참회하는 마음과 자비로운 마음으로 도살당한 중생들을 위해 마음속으로 부처님의 명호를 불러줘야 한다. 만약 아무런 거리낌도 없이 한편으로 진탕 먹고 마시면서 한편으로 맛이 좋니 안 좋니 하며 평점을 매긴다면, 그렇다면 도살되어 불에 구워지고 삶겨진 중생들이 틀림없이 몹시 고통스럽고 또 그들의 분노와 원망을 진정시키기 어려울 것이므로 육식을 한 모든 사람들은 불가피하게 깊고 무거운 업보를 받아야 할 것이다.

열 번째, 아무튼 어떠한 경우라도 모두 염불해야 한다는 것을 기억하며 주저하지 말아야 한다. 흔히 사람들이 염불을 꺼리는 장소가 바로 죄업을 짓고 불길하고 부정한 장소이며, 또한 부처님의 도움을 얻기 위해 가장 염불이 필요한 장소이기 때문에, 이때에 도리어 염불을 포기한다는 것은 아주 잘못된 것이다.

염불은 평소부터 그 습관을 들여야 한다. **정토왕**

생을 발원하는 사람은 <u>스스로 조건과 한계를 정하여</u> 반드시 어떻게 어떻게 해야만 왕생할 수 있을 거라고 여기지 말고, 마땅히 아무런 조건 없이 아미타불의 불가사의한 구제에 수순해야 한다.

정종淨宗, 2008년 8월에 적음

관세음 지장보살 아미타불 염불의 불가사의 공덕 ;

『지장십륜경(地藏十輪經)』에는
"일백 겁(劫)동안 관세음보살을 염불하는 것이
일식경(一食頃) 지장보살을 염불하는 것만 같지 못하다" 하였다.
『석정토군의론(釋淨土群疑論)』에는
"다겁(多劫)중에 지장보살을 염불하는 것이
아미타불의 일성(一聲)을 염불하는 것만 같지 못하다" 하였다.
― 〈연종집요〉

[부록3] 염불 영험록

(1) 염불로 살생업을 소멸하다

나는 올해 42세이며, 호남성 잠강시 택구 사무소 팽로촌에 살고 있다. 어려서부터 병은 나의 성장을 동반하였고, 특히 근 4년은 본래부터 여위고 허약한 몸에 설상가상으로 여성질환인 자궁 이상 출혈까지 보태져 매월 한 번씩 출혈을 했다 하면 열흘 넘게 침대에 누워서 꼼짝달싹할 수 없었고, 엄청난 돈을 쓰고 수많은 의사를 찾아봤으나 좀처럼 호전되지 않았다.

이처럼 어려움에 처해 있을 때 나는 다행스럽게도 불법佛法을 만나게 되었다. 그러나 나의 어리석음과 집착으로 단지 병이 낫기만을 바랐기 때문에 병이 오면 죽기 살기로 염불하다가 병이 나으면 다시 만사태평이었다. 가장 하지 말아야 했던 것은 집안의 생활형편을 개선하기 위해 명절 때 돼지 한 마리를 잡은 일과, 이웃집의 오리 여섯 마리가 우리 집의 채소 모종을 먹는 바람에 그 오리

- 171 -

들을 독살한 일이다. 그래서 병세가 호전되지 않았을 뿐더러 갈수록 더욱 심해졌다. 하는 수 없이 나는 나에게 불법을 소개해준 선생님을 찾아가서 도움을 청하였다. 선생님은 나에게 병이 생기는 것은 업력으로 인한 것이니 아미타부처님의 서원을 깊이 믿고 오로지 육자명호만 부른다면 업을 소멸하고 병이 나을 수 있다고 했다. 그러나 나는 우매하고 무지하여 아무리 생각해도 그 뜻을 이해할 수 없었기에 최후에는 죽음을 생각했다. 왜냐하면 이렇게 시간을 길게 끌다가는 병을 치료할 돈이 없을뿐더러 설사 치료한다 해도 낫지 않을 거라고 생각했기 때문이다. 나는 나무아미타불을 불러도 효과가 없으니 차라리 죽는 게 나을 거라고 생각했다.

올해 4월 초하루 한밤중 꿈을 꾸는데 마치 나의 양손에 부처님 한 분을 껴안고 있었고 귓가에 뚜렷한 목탁소리가 들리는 것 같았다. 나는 깜짝 놀라서 깨어났다. 목탁을 뚜드리는 것은 참회를 하라는 것인데, 자비하신 아미타부처님께서 나더러 참회하고 나더러 신심을 내어 염불하라고 일깨워 주시는 것이라는 생각이 들었다. 나는 얼굴도 씻지 않고 옷도 단정히 입지 않은 채로 법당으로 달려가 꿇어앉아 대성통곡을 하며 나의 죄업이 두터워서 금생에 재난과 병이 많은 결과를 초래하였으며, 특히 내가 이미 불법을 만났음에도 계속해서 살생하였으니 정말로 너무 나빴다고 울며불며 하소연하였다. 나는 아미타부처님의 제자가 될 자격이 없다. 내가 이렇게 나쁜데도 아미타부처님께서는 여전히 나를 구제해주려 하시니 아미타부처님은 얼마나 자비로운 분이신가! 앞으로 나는 반드시 계속해서 업장을 참회하며 한결같이 오로지 아미타부처님의 명호를 부르며 일심으로 아미타부처님께 귀명하겠다고 다짐하였다.

내가 울며불며 하소연하고 있을 때, 갑자기 몸에 있던 병들이 기적처럼 완쾌된 것 같은 느낌이 들었다(마치 가위로 단번에 잘라버린 것 같았다). 나는 한 걸음도 못 걷고 누워서 일어나지도 못하고 스스로 생활할 수 없던 사람에서 이튿날 바로 밭에서 일을 할 수 있게 되었다.

이 사건은 나로 하여금 아미타부처님의 자비하신 구제는 어떠한 근기도 빠뜨리지 않고, 우리 같이 죄악이 깊은 범부들이 고통의 바다에서 벗어날 수 있도록 아미타부처님께서는 시시각각 우리를 보호하고 계신다는 것을 깊이 이해하게 되었다. 내가 이처럼 용서받지 못할 수많은 죄업을 지었음에도 아미타부처님께서는 싫어하지 않으시고 도리어 자비롭게 구제를 해주신 것이다!

(2) 염불로 오리를 죽인 업을 소멸하다

내 이름은 팽초재(彭楚才)이고, 올해 68세이다. 젊었을 때 본업에 힘쓰지 않고 자주 물오리를 잡으러 다녔다. 내가 동정호의 중심지대에 살고 있었기 때문에 수십 년 전만 해도 여기에는 매일같이 물오리들이 먹이를 찾아 무리를 지어 호수로 날아왔다. 매번 저녁 무렵이 되면 나는 작은 배를 몰고 물오리를 찾아 나서 작은 쇠구슬로 가득 채운 엽총으로 물오리들을 겨누고 도화선에 불을 붙이면 쇠구슬들이 여러 방향으로 퍼져나가는데, 미처 도망가지 못한 오리들은 나의 총구멍 아래서 죽고 말았다. 그래서 나는 매번 가득 싣고 돌아올 수 있었다.

그런데 한번은 불행히도 엽총이 오발되어 오리를 맞히지 않고 도리어 나의 왼팔을 맞혔다. 총알은 쇄골 아래에 구멍을 내었고, 그 당시 얼마나 아팠던지 대성통곡을 하였는데, 다행히도 생명에는 지장이 없었다. 그 뒤로 나는 다시는 오리를 잡지 않았다.

2002년 10월, 나의 좌반신이 갑자기 불수가 되고 말았다.
나는 10년 전 남악(南嶽)에서 부처님께 절을 할

때 어느 스님께서 주신 책 한 권(십년 동안 한 번도 펼쳐본 적이 없었다)이 생각나 호기심에 그 책을 펼쳤는데, 한 페이지에 염불의 좋은 점을 설명해놓은 것을 보고서 나는 책에서 배운 대로 나무아미타불을 부르기 시작하였다. 돌이켜 생각해보면 나의 일생에 그 수많은 오리들을 죽였으니, 참으로 죄악이 극도에 달하였다!

며칠을 염불하고 나서 나는 몸이 호전되기 시작하여 불수였던 좌반신도 움직일 수 있다는 것을 느끼고 내심 몹시 기뻤으며, 이제부터 장기적으로 염불하기로 마음먹었다.
매번 종도 스님이 가족을 만나러 올 때마다 나는 그의 집에 가서 스님께 가르침을 청하여 염불의 공덕을 설명해달라고 부탁하였다.

2003년 7월 삼보에 귀의한 뒤 이상한 일이 벌어졌다. 1년 넘게 귀먹었던 오른쪽 귀에 갑자기 희미한 말소리가 들리는 것 같았다. 아침 5시만 되면 그 소리는 "염불, 염불, 아미타불, 아미타불……" 하며 재촉하였는데, 이 소리는 줄곧 아침 7시에 아침기도가 끝나야만 멈추었다. 가끔씩 날이 어두워지기 전에도 오른쪽 귀에서 나더러 염불하라고 재촉하는 소리가 있었는데, 매일 이러하니 정말로 불가사의했다.

(3) 염불기를 듣고 실면증을 치유하다

1995년 말에 나는 병원에 친척 병문안을 갔다. 병실에 들어설 때 뒤에서 40대 여성 한 분이 따라 들어왔다. 옆 병실의 환자였는데, 병이 심해서 5, 60 대처럼 보였다. 두 눈에 생기가 없고 눈 주위가 온통 시커멓고 얼굴은 초췌하였다. 길을 걸을 때도 매우 느릿느릿하였으며, 말을 할 때도 기운이 없어서 다 죽어가는 사람 같았다. 그녀는 이미 꼬박 1주일 동안 잠을 못 자서 몹시 고통스럽다고 말했다.

내가 그녀에게 일러주었다. "이것은 업장입니다. 염불만 하면 업장을 소멸하고 잠을 잘 수 있습니다."

"온몸에 전혀 힘이 없는데 어떻게 염불할 수 있겠습니까?"

"좀 있다가 제가 염불기 한 대를 가져다 드릴 테니, 누워서 조용히 염불기에서 나오는 염불소리만 들으면 잠을 잘 수 있을 겁니다."

친척의 병문안을 마친 나는 곧바로 병원을 나가 염불기 한 대를 사서 이 여성에게 가져다주었다. 아울러 그녀에게 조용히 부처님 명호를 들으면서 마음속으로든 입으로든 따라서 염불할 수 있으면 따라서 부르고, 만일 그럴 수 없다면 조용히 듣기만 해도 빨리 잠들 수 있다고 일러주었다.

이튿날 오후, 내가 다시 병원에 친척을 보러 갔더니, 옆 병실의 그 여성분도 계셨는데 어제와는 전혀 딴사람 같았다. 기운도 있고 웃음도 있었으며,

어제처럼 그렇게 늙어 보이지도 않았다. 그녀는 나에게 고맙다면서 "제가 이어폰을 귀에다 끼고 조용히 염불소리를 듣고 있었는데, 어느새 잠이 들었습니다. 긴 시간을 푹 자고 일어났더니 정신도 맑고 병도 많이 나은 것 같습니다."고 말했다.

그 뒤로부터 그녀는 입원해있는 동안 매일 밤 반드시 이어폰을 끼고 조용히 염불소리를 듣고 있었고, 낮에 병상 위에 누워서도 마찬가지였으며, 수면은 이미 완전히 정상이었다.
며칠 뒤, 그녀의 병세가 빠르게 호전된 것을 발견한 의사는 그녀에게 퇴원하고 집으로 돌아가라고 하였다. 퇴원하던 날, 그녀는 나를 집으로 초청하여 법당을 설치하였다.

(4) 염불로 정신병을 치유하다

장수란(張樹蘭). 여, 69세, 북경시 숭문구 사람이

다. 1985년 남편이 갑자기 별세하는 바람에 정신에 이상이 생겨 늘 길거리에서 구걸을 하며 집으로 돌아갈 줄 몰랐다. 어떤 사람이 그녀에게 염불을 가르치자 그녀도 따라서 부르기는 하지만 정신이 마비되어 침울하고 초조해하였다. 때로는 법당을 뛰쳐나가 심하게 욕을 퍼붓기도 하였다. 한번은 대중들이 염불을 하는데 잠이 들어서 법당에다 오줌을 싸기도 하였다.

1992년 가을, 그녀는 약을 먹고 자살을 시도했다가 자녀들에게 발각되어 병원에 가서 구급치료까지 받았다.

1994년 여름, 장수란은 대중들과 함께 염불하다가 갑자기 깜짝 놀라며 소리쳤다. "보세요, 부처님께서 방광하십니다! 보세요, 부처님께서 방광하십니다!" 대중들도 서로 고개를 들어 보았고, 일시에 염불소리로 떠들썩하였다.

그 뒤로 그녀는 무서운 그늘에서 벗어났으며, 진실로 아미타부처님의 대자대비를 느꼈다. 1994년 음력 12월 초파일에 그녀는 불문(佛門)에 귀의하였다.

나중에 그녀는 섬서성으로 와서 우리 도량에 상주해 있었으며, 더욱이 아미타부처님께서 한 사람도 버리지 않는다는 대비원력을 듣고서 염불하면 반드시 왕생한다는 것을 안 뒤로부터 사람이 완전히 바뀌었다. 적극적으로 삼보의 사업을 호지(護持)할 뿐더러 아껴 먹고 아껴 쓰며 절을 집으로 삼았다. 환희심으로 염불하는 그녀의 염불소리를 수시로 들을 수 있었으며, 아울러 몸소 불법을 수호하느라 자신이 구제를 얻은 과정을 인연 있는 연우들에게 일러주며 대중들의 신심을 불러일으켰다.

그녀가 항상 하는 말이 있다. "오직 나무아미타불, 다만 나무아미타불, 반드시 나무아미타불, 역시 나무아미타불……"

(5) 염불로 중상을 치유하다

원강시 신항향의 곽등과(郭登科)는 시내에서 4번 버스를 운전하는 26세의 기사였다.

2003년 6월 13일, 그가 운전하던 차량이 다른 차량과 충돌하여 20여명이 다쳤는데, 그중 10명이 중상을 입었고, 본인은 가장 크게 다쳐 그 자리에서 바로 정신을 잃었다. 병원으로 보내 응급조치를 받고 3일이 지나서야 깨어났는데, 5만 위엔(약 200만원)을 쓰고도 고칠 수 없었다. 돈이 없어 입원을 할 수 없는 관계로 집에 돌아와 치료하였다. 9월이 되어 병세가 호전되지 않았을 뿐더러 도리어 더욱 심해져 하는 수없이 다시 병원으로 보내야만 했다.

의사도 어찌할 도리가 없어서 그의 부모에게 말했다. "당신의 아들은 머리부위를 가장 크게 다쳤습니다. 치료를 하더라도 식물인간이 될 겁니다. 그리고 그의 발도 잘라야 하는데 지난번보다 더 많은 비용이 발생합니다."

극심한 통증으로 그가 온종일 크게 소리를 지르는데 가족들도 모두 애가 타서 눈물을 흘렸다.
하루는 그의 모친 진설진(陳雪珍)이 우리 염불당으로 와서 울먹이며 물었다. "제가 어떡하면 아들을 구할 수 있겠습니까?" 정말이지 그녀에게 오직 아들 하나밖에 없는데 만에 하나 무슨 변고라도 있으면 노인은 어떻게 살겠는가?

그래서 내가 말했다. "병원에서 이미 진실한 상황을 당신에게 말해준 이상, 지금은 아미타부처님을 의지하여 아들을 구하는 수밖에 없습니다. 당신이 아들도 염불하도록 한다면, 아미타부처님께서 틀림없이 건강을 회복하도록 해주실 겁니다. 내일부터 우리 염불당에서 3일 간 염불하겠습니다."

이튿날 그들 모자가 왔다. 나는 먼저 곽등과에게 아미타부처님께 공양 올렸던 감로수를 마시게 한

다음 대중들과 함께 염불하였다. 그날 밤 그는 서방삼성(西方三聖: 아미타불, 관세음보살, 대세지보살을 말함)이 그의 병을 치료해주는 꿈을 꾸었는데, 깨어나서부터 예전처럼 아프지 않았다. 의사가 그에게 철심을 박는데도 전혀 아프다는 말을 하지 않았다.

모자(母子) 두 사람은 갈수록 정성을 다해 염불하고 절을 했으며, 우리 염불당과 아주 가까운 곳에 방을 찾아서 세를 들어 살았다.

십여 일이 지나서 그는 천천히 걸음을 걷기 시작했다. 병원의 원장과 의사와 간호사들이 모두 그에게 물었다. "당신은 무슨 종교를 믿는데 이처럼 영험한가? 정말로 기적이네!"

(6) 염불로 반신불수를 치유하다

나의 큰 언니 양숙금의 병고는 특별히 심했다.

1997년에 뇌혈전으로 반신불수와 실어증을 앓게 되었고, 작년 4월에는 큰 형부가 또 돌아가시고, 그 뒤로 또 중병으로 두 차례 구급치료를 받아야 했다.

내가 여러 번 큰 언니에게 불법을 배우라고 타일렀으나 모두 듣지 않았다. 도저히 방법이 없어서 나는 부처님 전에 간절히 기도하는 수밖에 없었다. "제 큰 언니 양숙금은 지금 중병에 시달려 목숨이 숨 쉬는 사이에 있습니다. 부처님께서 가피를 주시어 언니가 하루빨리 깨닫고 염불하며 부처님의 구제를 받아들이길 빕니다."

그 후에 내가 다시 큰 언니에게 염불을 권했더니 큰 언니는 흔쾌히 받아들였다.
얼마 후, 큰 언니의 흰 머리카락 뿌리부분에 한 치 정도의 검은 머리카락이 자라났고, 본래 밥을 먹을 때 항상 식도를 긁던 귀에서 목까지 자란 경부의 큰 종물(腫物)도 현재 거의 다 사라졌으니,

참으로 불가사의하다!

내가 다시 큰 언니에게 염불에 관한 이야기를 꺼내자 큰 언니가 마음속으로부터 웃는데, 나 역시도 기분이 좋았다.

큰 언니가 말했다. "난 이제 아무 것도 상관하지 않고 오로지 염불만 하여 아미타부처님께서 나를 위해 깔아주신 극락세계로 통하는 '나무아미타불' 명호의 길만 걷겠다!"

(7) 염불로 식도암을 치유하다

제일(諦一) 법사는 섬서성 서안 향적사 스님으로, 올해 70여세이다. 1999년 봄에 식도암을 앓고서 병원으로부터 위독하다는 통지서를 받았다.

절에 돌아온 후부터 침대에 누워 일어나기가 힘들었고, 온몸이 붓고 호흡이 곤란하였으며, 온종일 신음소리가 끊이질 않았다. 또한 혈관경화로 인해 진통제 주사조차 맞을 수 없었으니 말로 다할 수 없을 정도로 고통이 심했다.

제일 스님은 자신에게 가망이 없다고 생각하여 보시금을 전부 사중에 반납하였다. 죽은 뒤에 자신을 위해 천도재를 지내어 원친채주(怨親債主)들을 천도시키고, 아울러 자신이 아귀도(餓鬼道)에 들어가지 않도록 건져달라는 것이었다.

평소에 참선만 하던 스님은 말수가 적은데다가 온종일 좌선만 할 뿐, 염불에 대해 전혀 믿음이 없었다. 이때 죽음이 바로 코앞인데도 염불하여 왕생을 구할 줄 모르고 빨리 죽기만을 원했다.

상정(常正) 스님이 그에게 염불하라고 권하자 그는 도리어 이렇게 말했다. "에이! 평소에 공부를 똑바로 못해서 주인노릇을 못하는 것을 탓해야지 지금 입으로 염불 몇 마디 한다고 되겠소? 그만해!"

상정 스님의 노파심에서 거듭된 충고 끝에 제일 스님은 그제서야 하는 둥 마는 둥 염불하기 시작했다.

상정 스님은 또 제일 스님의 요사채로 옮겨와서 밤낮으로 그를 보살펴주었다. 밥과 물을 먹여주고 몸과 발도 씻겨주고 똥오줌도 받아내면서 살뜰히 돌보아주었다. 더욱 중요한 것은, 상정 스님은 늘 그와 함께 염불하면서 그에게 자신을 완전히 아미타부처님께 맡기라고 격려하였다.

제일 스님은 항상 신음소리에 부처님 명호가 섞여 있었다. "아이구! 아미타불, 내가 정말이지 생고생 하네! 내가 스님만 아니었으면 자살했을 거야. 아미타불, 빨리 좀 오세요! 더 이상 고생하지 않게 해주세요! 아이구! 아이구! 아미타불, 제발 죽게 해 주세요……"

이렇게 3개월이 지나서 제일 스님은 오히려 천천히 낫기 시작했다. 식도암도 낫고 온몸의 부종도 사라진 것이다!

이후부터 제일 스님은 참선을 버리고 정토로 돌아

와 오로지 부처님의 명호만 부르면서 사람들에게 전수염불하며 왕생발원하라고 타일렀다.

(8) 브레이크 고장 난 버스에서 살아나다

1999년 여름, 이층침대가 있는 버스가 성도에서 출발하여 영현(榮縣)으로 떠났다.

버스는 쾌속운전을 하는 도중에 아무런 이상 현상이 없었다. 이아산(二峨山)을 넘어서 잇달아 매우 긴 연속 내리막길이었다. 옛 도로로 가고 있었기에 도로사정이 나빠서 노면에 수많은 작은 구덩이들이 있었다.

갑자기 승객들은 차체가 심하게 흔들리고 있다는 것을 발견하였다. 타이어가 급속도로 노면의 작은 구덩이 속으로 굴러들어갔다가 다시 튕겨져 나와 계속해서 앞의 작은 구덩이 속으로 돌진하였고, 차의 속도도 점점 더 빨라졌다. 버스기사는 땀 범벅이가 되어 반복하여 급히 제동을 걸었다. 그러

나 브레이크가 고장 난 것을 확인하고는 공포에
질려 비명을 지르듯이 우는 목소리로 크게 외쳤
다. "큰일 났어요, 브레이크가 안돼요!" 버스의 속
도가 너무 빠른 상황에서 기어를 저속기어로 바꿀
방법이 없는데다가 도로 옆에 또 비빌 수 있는 바
위가 없었기에 그는 핸들을 꽉 잡고 아래로 돌진
하는 수밖에 없었다. 죽음의 신이 곧 찾아오게 되
자 차 안의 사람들은 하나하나 얼굴이 창백해졌
고, 놀라서 말 한마디도 할 수 없었다.

차 안에 하옥수(夏玉秀)와 오숙용(吳淑蓉) 두 불제
자가 있었는데, 그녀 둘은 아주 빠르게 염불을 하
고 있었다. 특히 오숙용의 마음은 매우 침착하였
다. 그녀는 자부(慈父)이신 아미타부처님께서 틀림
없이 수수방관하지 않을 거라고 확신을 하고 있었
기에 명호를 부르는데 특별히 간절하였고 또 매우
힘이 있었다.

몇 십초 뒤에 오숙용은 비록 눈을 감고 있었고,

앉아 있는 위치도 차량의 중간부분이었지만, 버스의 범퍼 앞쪽에 가로로 차 넓이보다 길고 여러 가지 빛깔이 있는 너무나 장엄한 둥근 불광佛光 한 줄기가 보였다. 불광을 본 오숙용은 감동하여 눈물을 흘리면서 더욱 열심히 '나무아미타불'을 불렀다.

절망 속에서 문득 제동장치의 기능이 회복되었음을 발견한 버스기사는 기뻐하며 사람들에게 브레이크가 다시 작동한다고 말해주었다.

버스가 무사히 영현으로 돌아온 뒤에 바로 정비사를 불러 검사를 맡겼다. 버스 밑으로 들어간 정비사는 차체 뒷부분의 브레이크호스가 벌써 떨어져 나간 것을 발견하였다. 그는 아무리 생각해도 이해가 안돼서 기사에게 물었다. "이 차는 진작부터 제동장치가 없었는데 어떻게 성도에서 여기까지 운전해 오신 겁니까?"

버스기사는 분명하게 말할 수가 없었다. 오직 그녀들만 알고 있을 뿐이었다.

(9) 검은 색 가위 눌림을 염불로 풀다

어릴 적에 비록 집안형편이 어렵고 가난했다고 할 수 있지만, 2학년이 되던 그해에 교통사고로 눈꺼풀을 다쳐서 다행히도 겨우 한 달 정도 앞을 못 보다가 다시 빛을 보게 된 것만 제외하면 내가 병으로 아팠던 적은 매우 드물었다. 그런데 뜻밖에도 3학년 때부터 불시에 돌발사고들이 생겨 팔다리가 부러져 수술을 받은 것 외에도 말로 다 표현할 수 없을 정도로 고통스러운 '이상증세'가 생겼다. 잠을 자려해도 잠들 수 없었고 깨어나려 해도 깰 수가 없었다. 그동안 놀라고 두려운 심적 고통과 나로 하여금 부담과 시달림을 실컷 맛보게 한 상처는 불법을 배운 이후에야 천천히 아물었다.

어떤 사람은 그것이 신경쇠약이라 말하고, 또 어떤 사람은 과다한 뇌사용 때문이라니, 대뇌에 손상을 입었다느니, 소뇌가 파괴되었다느니…… 나의 느낌으로는 아무 것도 아니었다. 늘 반쯤 자다가 꿈에서 막 깨어나려 할 때 한참을 지나서도 깨어날 수 없었고, 꿈속에서는 마치 어두운 큰 동굴이 보이는 듯하였는데 엄청난 크기의 '블랙홀'이었다. 나는 직감적으로 한 줄기 말로 표현할 수 없는 힘이 나를 그 블랙홀 속의 큰 구멍으로 끌어들이는 것 같았다. 내 기억에 매번 자기도 모르게 거의 그 속에 떨어지려 할 때 즉각 하나의 생각이 떠올랐다. '안돼! 들어가면 안돼! 빨리 나와야 해, 빨리 가야해, 속으면 안돼……' 나는 힘써 버티면서 바깥으로 도망을 가려 했고, 있는 힘을 다해 이 검은 색 가위눌림으로부터 벗어나려 하였다. 이때 사람은 여전히 누워있었고 의식도 여전히 또렷했지만 손발을 움직일 수 없었다. 소리를 내려 해도 입을 열 수가 없었으며, 사람은 깨어났는데 눈을 뜰 수가 없었다. 잠시 신경이 전부 사라지고 사지가 마비된 것 같았다. 그러나 나는 몸을 움직일 수 없었기에 더욱 필사적으로 몸부림을 치려 하는데 정말로 너무나 괴로웠다. 나는 마치 바람이 통하지 않는 밀폐된 공간에 갇혀서 질식할 것 같았고, 몇 십 년 동안 세상을 못 보고 어둡고 무서운 감옥 속에서 어떻게든 벗어나려는 다급한 심정으로 구원을 바라고 있었다. 머릿속의 혈관들은 마치 전기가 세는 전깃줄이 된 것처럼 머리 전체가 얼얼하고 열이 나는 것 같았다. 호흡을 통해 콧구멍으로 나오는 냄새는 화학약품과 같은 이상한 냄새로 가득하였다. 이렇게 1분을 1년처럼 지내면서 어떨 때는 몇 분 정도 몸부림을 쳐야만 천천히 깨어날 수 있었고, 깨어나 눈을 떠도 늘 놀라서 온 몸에 식은땀이 나기 일쑤였다.

이런 병으로 인한 고통은 나이가 들수록 발병의 횟수도 늘어났는데, 특히 군대에 있을 때는 더욱 심각했다. 심지어 외출을 할 때도 비정기적으로 갑자기 총알이 머릿속에서 이리저리 부딪치고 있는 것처럼 머리가 어지럽고 눈이 아찔해져서 방향을 분간할 수 없었다. 그사이 나는 신경안정제와 같은 약물들을 적잖게 복용하였으나 아무런 효과가 없었다.

내가 불법을 배우게 된 인연은 여동생이 대학생들을 상대로 한 여름수련회를 다녀 온 뒤에 나의 바른 믿음을 일으킨 것이었다. 우연한 기회에 처음으로 대승경전인 『불설아미타경』을 접하고 난 뒤에 나는 염불을 하기 시작했다. 염불을 한 이후로 발병의 횟수가 점점 줄어들고 병이 점점 가벼워졌다는 것을 알지 못했다가 나중에서야 알아차렸다.

어느 날 밤 꿈속에서도 여전히 부처님의 명호를 쉬지 않고 부르고 있었는데, 이때 검은 그림자 다섯 개가 나타났다. 멀리서 가까이 오더니 나와 십여 미터 정도 되는 곳에서 걸음을 멈추었다. 그중의 한 사람이 입을 열었다. "그가 염불을 하고 있어서 다가갈 수가 없구나." 느낌상 그들은 거기서 몇 분 정도 서 있다가 떠난 것 같았는데, 그 당시에 나는 여전히 염불을 하고 있었다. 나는 그 다섯 그림자가 왜 왔는지를 알지 못했다.

대략 한 달 정도 지나서 그들이 다시 왔다. 그날

내가 조금 피곤했었는데 그들을 발견했을 때 그들은 여전히 다섯 명에 열 개의 손으로 나의 몸과 가슴과 목을 눌렀다. 그 당시 나는 굉장히 괴로웠고 다시 또 평소대로 얼얼하고 뜨거운 느낌이었다. 그 기세는 평소보다 더욱 사납고 맹렬했다. 이때 나도 모르게 의식 속에서 부처님의 명호가 튀어나왔고, 몇 번 부르지 않았는데도 그 다섯 개의 검은 그림자가 갑자기 뒷걸음을 치더니 어디론가 튕겨져 나갔으며 나 역시 놀라서 급히 몸을 일으켰다.

이때 나는 지난날 고통스러웠던 그런 병고들은 모두 그들이 가져온 것임을 문득 깨달았다. 그렇다면 이것이 바로 이른바 '업의 그림자'란 말인가? 그들은 빚을 받으러 온 것인가? 전생에 내가 그들에게 미안한 일을 한 게 아닐까? 맙소사! 전생에 내가 얼마나 무거운 업을 지었길래 금생에 내가 받아야할 업의 과보가 이처럼 고통스러운가? 생각을 하다 보니 어느새 눈물이 줄줄 흐르고 침대에 앉아 통곡을 금할 수 없었다. 나는 아미타부처님의 자비를 느꼈고 또 깊이 부끄러워하며 참회하였다. 그래서 그들에게 회향해주기를 발원하고 정토에 왕생하겠다는 뜻을 세웠으며, 염불정진하면서 부지런히 삼복(三福: 부모에게 효도하고 봉양하며, 스승과 어른을 받들어 섬기고, 자비로운 마음으로 살생하지 않는 것)을 닦았다. 나는 날이 밝아 올 때까지 밤새도록 생각하며 잠을 자지 않았다. 그 때의 경험은 나중에 내가 불광산에서 삼보에 귀의하게 된 좋은 인연이 되었다.

그 후로 더 이상 그런 그림자가 보이지 않았을 뿐만 아니라 그때처럼 병으로 인한 고통도 나타나지 않았다. 몇 번이나 결정적인 순간에 곧 다가올 큰 재난도 염불을 통한 불력의 가피로 하나하나 모두 사라졌다. 이제 와서 그 당시 수시로 사람을 초췌하게 만들고 사람을 긴 잠을 자게 만들던 그런 나날들을 회상하면 내가 어찌 '한 바탕 병고의 시달림을 겪지 않고서 어찌 아미타부처님의 크신 서원

의 깊이를 알랴'고 말하지 않을 수 있겠는가? 또
어찌 '사람 몸 받기 어려우나 지금 이미 받았고,
불법을 듣지 어려운데 지금 이미 들은 것'에 대해
다행스럽게 여기지 않을 수 있겠는가? 생각건대,
금생에 불법을 배우지 않고 염불을 하지 않으며,
보리심을 내어 믿음과 발원과 수행으로 왕생하는
길을 걷지 않는다면, 다음 생에 다시 육도윤회를
하게 되고 업에 따라 승침升沈을 하게 되는데, 어
찌 두렵고 안타깝고 불쌍하지 않겠는가?

(10) 염라대왕도 아미타부처님을 두려워한다 ㅣ

어느 날 밤 12시 경, 비몽사몽간이었던 황 부인은
갑자기 문을 두드리는 소리가 들리고, 또 수많은
사람들이 문을 열어달라는 소리가 들렸다.

황 부인이 큰 소리로 물었다. "누구세요?"
문 밖에 있던 사람이 대답했다. "나는 염라대왕이
파견하여 한 사람을 찾고 있다"

황 부인은 다시 큰 소리로 말했다. "우리 집은 아미타부처님을 믿는 집이어서 당신네 염라대왕과는 아무런 관계가 없으니 빨리 가세요!" 이 말을 마친 그녀는 큰소리로 "아미타불"을 부르기 시작했다. 황 부인이 잠깐 염불을 멈추고 다시 자세히 들어보니 바깥에는 이미 아무런 움직임이 없었다. 그녀가 문을 열어 보니 한 무리의 사람들이 큰 도로를 향해 걸어가는 게 보였다. 그중에 북과 징을 치는 사람도 있었고 깃발과 팻말을 들고 있는 사람도 있었으며, 맨 마지막 사람은 녹색 도포를 입고 네 명이 드는 큰 가마에 앉아 큰 걸음으로 걸어갔다. 황부인은 이때 더욱 필사적으로 "아미타불"을 불렀다. 잠에서 깨어나 보니 한바탕 헛된 꿈이었는데 입에서 여전히 "아미타불"을 부르고 있었다.

알고 보니 황 부인의 옆집에서 살고 있던 두 모녀 중에, 딸이 올해 18살밖에 안 되었는데 목 사이에 대략 비둘기알 크기 만한 혹이 생겨 병원에서 수

술로 제거해야 했다. 그래서 모녀 둘이서 함께 태중시의 모 병원으로 갔는데 불행히도 수술한 뒤에 죽은 것이었다. 이 날이 바로 황 부인이 꿈속에서 "아미타불"을 불러 저승사자들을 쫓아버린 뒤 셋째 날이었다. 황 부인은 그 아가씨가 너무나 안타깝다며 사전에 그들 모녀가 병원에 입원하여 수술을 할 줄 몰랐는데, 만일 그녀가 알았다면 그들이 가지 못하도록 말렸을 것이라 말했다. 3일 전에 황 부인이 그들 모녀에게 "염라대왕이 저승사자를 보내 여기서 사람을 찾고 있다"는 꿈을 말해주지 못했던 것은 이 꿈이 거짓인지 진실인지를 모르는 상황에서 말을 꺼냈다가 사람들이 요사스러운 말로 사람들을 미혹시킨다고 말할까봐 두려웠기 때문에 감히 그들에게 주의하라고 일깨워주지 못했던 것이다. 안타깝게도 그들은 부처님을 믿지 않았고 또 염불하여 원결怨結을 풀 줄도 몰랐다.

일단 무상(無常: 죽음)이 닥쳐오면 부처님의 명호를 부르는 데 확신이 없는 사람은 염라대왕의 지배를 받아 어쩔 수 없이 그들을 따라갈 수밖에 없다. 우리 모두 생각해 보라! 염불하는 사람은 육방六方의 한량없는 항하의 모래 숫자만큼 많은 부처님들께서 이 사람을 보호해주시는데 모든 귀신들과 염라대왕이 어떻게 감히 염불하는 사람에게 접근할 수 있겠는가? 이렇게 말한다면 염불하는 사람은 죽지 않는단 말인가? 그렇지는 않다. 염불하는 사람이 만일 수명이 다할 때가 되면, 오직 서방삼성西方三聖만이 염불소리를 찾아 오셔서 우리를 영접하여 불국토에 왕생하게 되며, 일생에 불과를 성취하여 영원히 다시는 육도에 떨어져 윤회의 고통을 받지 않게 된다.

(11) 염라대왕도 아미타부처님을 두려워한다 Ⅱ

사람의 질병은 대부분 업보와 연관이 있다. 업보가 다 하기 전에 만일 하루 빨리 병이 낫기를 바란다면 불력의 보호를 구할 수밖에 없다. 세상에는 국내외의 명의들도 치료할 수 없는 위중한 병들을 불보살님께 기도함으로써 완치된 사례들이 많이 있다. 예컨대 최근에 소련악邵聯萼 군 역시 염불을 통해 구제를 받았다.

소 군은 항주 사람으로 19살 때 상해에서 중병을 앓게 되었다. 보륭병원에서 치료를 받게 되었는데 의사가 진단을 해보더니 그에게 이 병은 희망이 없다고 말했다.

병원에 입원한지 7일째 되던 날 밤에 소 군은 갑자기 우두 귀신과 마두 귀신 등의 저승사자들이 흔들거리며 곧장 그의 침상을 향해 달려오는 것이 보였다. 이때 병실 안의 전등 빛은 매우 밝았고, 그의 정신도 아주 또렷했다. 그는 이 귀신들이 자신을 잡으러 온 것이고, 자신은 곧 죽게 된다는 것을 알았기에 용기를 내어 몸을 일으켜 앉았다. 그 후에 다시 한 번 생각해 보니 귀신이 있다면 틀림없이 불보살님들도 계실 거라는 생각이 들었다. 그래서 '나무아미타불' 여섯 자가 생각나서 큰 소리로 염불하기 시작했다.

그가 염불을 시작하자 수많은 귀신들이 갑자기 놀라하며 몇 발자국 뒤로 물러나면서 감히 그의 몸 근처에 접근하지 못하는 것이었다. 소 군은 이 여섯 자에 불가사의한 효력이 있어서 귀신들의 습격도 물리칠 수 있다는 생각이 들어 성심성의껏 끊임없이 염불하였다. 귀신들이 그를 잡지 못하자 나중에 염라대왕이 직접 나타났다. 염라대왕은 녹색 도포를 입고 머리에는 왕관을 쓰고 있었다. 그러나 그 역시도 부처님의 명호에 가로막혀 가까이 다가오질 못하였다.

부처님의 가피가 이처럼 위대하다는 것을 본 소 군은 더욱 용기를 내어 큰 소리로 염불하였다. 병원의 의사들은 그의 염불소리가 다른 환자들에게 지장을 준다면서 염불을 그만두라고 말렸다. 하지만 소 군이 이 생사의 절박한 고비에서 어찌 멈추려 하겠는가! 나중에 의사들도 할 수 없이 그를 다른 병실로 옮겼다. 소군은 여전히 계속해서 염불하였다. 이렇게 거의 5일 정도 지났는데 갑자기 알갱이 같은 하나의 금색 광명이 유성처럼 그의 앞으로 떨어지면서 위로부터 아래로, 차츰차츰 커지더니 순식간에 온 대지를 환하게 비추었다. 그 광명 속에 한 분의 황금색 부처님이 허공 중에 우뚝 서 계셨는데, 부처님의 발 아래에는 금색 구름 한 송이가 있었고, 부처님의 몸에서는 더욱 광명을 발하고 있었다. 부처님은 왼손에 염주를 들고 오른 손은 손가락을 모아 가슴 앞에 두고서 소 군을 향해 미소를 짓고 계셨다. 자비로운 얼굴에는 기쁨으로 가득하였고 표정은 더 없이 친근해 보였다. 알고 보니 바로 아미타 부처님이셨다! 이때 그 귀신 무리들은 어느새 전부 사라졌고, 잠시 후에 부처님도 몸을 감추었다.

소 군은 아미타부처님의 강림을 친견하였기에 더욱 흥분하였다. 병으로 인한 고통도 이미 사라져 이튿날 바로 퇴원하였으니, 몸도 가뿐하고 건강하여 이미 정상적인 상태로 다 회복되었다.

(12) 아미타불을 부르자 원귀가 침범치 못하다

사천성의 석현진釋顯眞은 자字가 서귀西歸이다. 재가자였을 때 현장縣長을 역임하며 수많은 도적 때들은 죽였었다. 그는 출가한지 얼마 안 되어 영파寧波의 자계慈谿 오뢰사五磊寺에 머물렀다.

매일 밤 꿈속에 피와 살이 낭자하고 흉포하게 분노하는 수많은 도적 때들이 총기를 들고 그에게 원수를 갚으러 오는 게 보였다. 그래서 크게 두려워하며 용맹심을 발하여 밤낮으로 쉬지 않고 아미타불을 전념하였더니 꿈속에서도 염불할 수 있었다. 꿈속에서 도적 떼를 만나면 바로 부처님 명호로써 교화하였다. 이로부터 꿈속의 도적 떼는 차츰차츰 온순해지기 시작했고, 몇 개월 후에 다시는 보이지 않았다.

(13) 필사적으로 염불하자 귀신들이 사라지다

북통주北通州의 왕철산王鐵珊은 청나라 때 광서성의 지방장관(藩台)을 지냈다. 그때 광서성에 도적떼가 매우 많아 병비도(兵備道: 청나라 벼슬 이름)를 지내던 그는 계략을 꾸며 그 무리들을 철저히 토벌하면서 수많은 사람들을 죽였다.

4년 전 중병에 걸려 눈만 감으면 어두컴컴한 방속에 있는 게 보였다. 그 방은 매우 크고도 어두웠는데, 무수한 귀신들이 몰려와 괴롭히는 바람에 깜짝 놀라서 깨어났다. 한참 지나 다시 눈을 감았더니 그 경계가 여전하여 또다시 놀라서 깨어났다. 이렇게 3일 밤낮을 눈을 감지 못하고 간신히 숨만 쉬고 있는 상태였다.

그래서 그의 부인이 타일렀다. "당신이 이런데 어떡하면 좋아요? '나무아미타불'을 부르세요, 염불하면 나을 거예요" 이 말을 들은 왕철산은 필사적으로 염불하였다. 머지않아 곧 잠에 들었다. 드디어 실컷 잠을 자게 되었고 아무런 경계도 나타나지 않았으며, 병 역시 차츰차츰 나았다. 그래서 오랫동안 채식을 하면서 염불하였다.
왕철산이 지난해 진석주(陳錫周)와 함께 산에 와서 직접 나(인광대사를 말함)에게 해준 말이다.

(14) 내 수명이 51세까지라니…

40여년 전 나는 영험하다는 사주쟁이에게 내 사주를 본 적이 있었는데, 내 수명이 51세까지라고 하였다. 나는 본래 인생의 고난과 끝없는 육도윤회에 대해 앞날이 막막하여 속수무책이라 여겨왔는데, 이때 근본적으로 문제를 해결할 수 있는 묘법을 찾게 되었다. 그것은 바로 일심으로 염불하며 정토왕생을 구하는 것이었다. 그 후로 나는 매일 염불을 하였기 때문에 수명이 51세까지라는 예언에 대해 별로 신경 쓰지 않았다.

1950년 나는 큰 국영기업에 들어가 일을 하게 되었다. 그 당시 나는 일하고 공부하고 운동하느라 비교적 바빴지만 여전히 남몰래 염불을 하였다.

1971년, 내가 51세가 되던 해였다. 운동하다가 다쳐서 몸 상태가 좋지 않았던 나는 심장 박동수가 높게는 100까지 올라갔고 치질로 인한 대량의 출혈도 있었다. 그러나 운동과 공부로 바빴기 때문에 병원에 치료받으러 갈수도 없는 상황이었다.

그해 4월 3일 밤은 내가 평생 잊지 못할 밤이었다. 그날 밤 잠을 잘 무렵에 평소 습관대로 침대에서 합장하고 묵묵히 '나무아미타불' 성호(聖號)를 불렀다. 갑자기 심장이 매우 빠른 속도로 뛰면서 마치 몸 밖으로 튀어나올 것만 같았고 가슴부위도 숨이 막힐 듯한 답답함을 느꼈다. 본래 기숙사의 전등이 켜져 있었는데 갑자기 칠흑같이 어두워지더니 내 앞에 10미터 정도 되는 곳에서 귀신의 그림자가 흔들거리며 이리저리 왔다 갔다 하는 것이었다.

그때 어디서 나온 힘인지 모르겠지만 나는 조금도 두려워하지 않고 오직 염불만 계속하였다. 대략 2분 후 눈앞이 온통 밝게 빛나는 금색광명으로 바뀌었는데, 그 당시 장엄한 광경은 정말로 형용하기 어려웠다.

이때 본래 칠흑같이 어둡고 이리저리 마구 왔다갔다 하던 귀신의 그림자들이 종적을 감추었다. 내 오른쪽 위편으로부터 또 온몸이 금색으로 빛나는 아미타부처님께서 오른 손을 아래로 드리운 장엄한 모습이 보였다. 나는 예배를 올리지 않고 여전히 합장한 채로 염불하였다. 염불소리에 따라 심장 박동수는 차츰차츰 정상으로 되돌아왔다. 내가 비몽사몽간이었을 때 내 자신이 여전히 합장한 채로 부처님의 명호를 중얼거리고 있었고 기숙사의 전등도 여전히 밝게 빛나고 있는 것이 보였다.

정말로 불가사의한 것은 다음날 본래 치질로 인해

대량으로 출혈하던 것이 이때 뜻밖에 아무 약을 쓰지 않고도 멈추었고, 심박수도 분당 80회 정도로 감소되었다는 사실이다. 나의 이번 재난이 마침내 부처님의 자비하신 가피로 벗어나게 된 것이었다.

그 전까지만 해도 나는 단순하게 일심으로 염불하는 것은 단지 사후에 극락세계에 왕생하기 위한 것인 줄로만 여겼지 부처님의 대자대비는 매우 세밀하고 두루 미친다는 것을 몰랐었다. 일심으로 염불하는 사람의 삶에서 큰 재난이나 병고를 당하게 되면 아미타부처님께서는 그 소리를 듣고 감응하여 가피를 주시어 재난에서 벗어나게 해주실 것이다. 이로써 유추해보건대, 염불하는 사람이 정토왕생을 원한다면 당연히 부처님의 영접을 받아 극락세계에 왕생할 수 있을 것이다. 이는 인광대사께서 "염불법문은 만 명이 닦으면 만 명이 다 왕생하여, 만에 하나도 빠뜨리지 않는다."고 법문하신 것과 같아서 나는 지금 더욱 깊이 믿어 의심치 않는다.

(15) 염불하자 정수리에 원광圓光이 나타나다

내가 29살(1937)이었을 때, 나의 아내 원신遠信과 함께 적성산赤城山에서 살고 있었는데, 그때 원신의 나이가 25세였다.

어느 날 아침, 하산하기 위해 들판 사이를 걷던 그녀는 길을 따라 일심으로 염불하였다. 이때 태양이 막 산 위로 올라와 아침 햇살이 대지를 두루 비추고 있었다. 우연히 자신의 그림자를 보게 된 그녀는 정수리 위에 둘레가 어깨넓이와 가지런하고 크기는 대략 직경이 두 자 남짓한 원형의 빛이 있다는 것을 발견하였다. 거기서 발산된 찬란한 빛은 뭐라 형용할 수 없을 만큼 미묘하였는데, 불상 뒤편의 원광을 닮았다. 이상하다는 생각이 들었지만 그녀는 여전히 계속 걸으면서 염불하였다. 그리고 수시로 자신의 그림자를 살펴보니, 이 원광은 여전히 환하게 빛나고 있었다. 이것이 염불을 통해 얻은 현상이라는 것을 깨달은 그녀가 시험 삼아 염불을 멈추고서 세속의 잡다한 일을 생각하는 동시에 다시 그림자를 보니 원광이 사라진 것이었다.

따라서 염불은 우리들이 본래 갖고 있는 광명을 가장 잘 나타내고 업장의 어두움을 가장 잘 소멸할 수 있다는 것을 알 수 있다.

(16) 염불하던 노파에게 기이한 서응이…

원나라 지순至順 경오庚午인 1330년, 절서浙西 지방에 해마다 기근이 들었다. 항주성杭州城에는 굶어죽은 사람들의 시신들이 마구 겹쳐 쓰러져 있었다. 지방관리가 말단관리에게 명하여 사람들을 시켜 시신을 들어서 육화탑 뒷산에 있는 큰 구덩이에 버리도록 하였다.

그런데 한 노파의 시신이 열흘이 넘도록 부패되지

않고 매일 수많은 시신 위에 누워있는 것이었다. 사람들이 이상하게 여겨 노파의 몸을 뒤져보니 품 속에 작은 주머니가 있는데, 그 속에 '아미타불을 부르는 그림(念阿彌陀佛圖)' 세 폭이 들어 있었다. 이 일을 들은 관리는 노파를 위해 관을 사서 거두 어주었다. 화장을 하자 연기와 불꽃 속에서 불보 살의 상이 나타났고 환하게 빛이 났다. 이로 인해 염불하기로 발심한 이가 매우 많았다고 한다.

(17) 안면 신경마비에서 벗어난 퇴직 경찰

저의 법명은 정락淨樂이며, 퇴직을 한 싱가포르 경 찰이고 올해 63세입니다. 제가 불법을 배우고 염 불을 하기 시작한 것은 마흔 살 때였습니다. 마흔 살 이전의 저는 불법에 대해 완전히 믿지 않았다 고 말할 수 있습니다. 예전의 제 성격과 생활로 봐서는 제가 불법을 배울 거라는 것을 그 누구도 믿지 못했을 겁니다.

마흔 살이 되던 해의 어느 날, 의사선생님은 저에게 이하선耳下腺 종양이 생겼다는 진단을 내렸는데, 이 소식은 저에게 엄청난 충격이었습니다. 저는 건강한 몸을 영구적으로 소유할 수 있을 거라고 생각하였기에, 이제까지 자신이 이 병에 걸릴 줄은 꿈에도 생각지 못했던 것이었지요.

그러나 행운인 것은 이 종양이 (악성이 아닌) 양성陽性이라는 것이었습니다. 하지만 종양 제거를 하고 난 후에, 뜻밖의 후유증이 생겼는데, 왼쪽 눈의 흰 자위에 물이 차면서 물집이 생겨 눈알이 에이는 듯이 아팠습니다. 비록 의사선생님의 지시를 따라 눈약도 넣고 진통제도 복용하였지만 효과가 모두 크지 않았고 여전히 매우 아팠기에, 언젠간 이로 인해 실명하게 될까봐 매우 걱정되었습니다. 그 당시 절제수술을 하고 난 뒤에, 왼쪽 얼굴의 안면신경이 수술의 방해를 받아 마비 상태에 빠져 안면 전체가 상당히 무섭게 변형되었고, 게다가 눈의 통증을 참기가 어려웠는데, 이때서야 비로소 인생이 참으로 괴롭다는 것을 느끼게 되었습니다. 따라서 아미타부처님의 구원을 바라는 마음은 대단히 간절했습니다.

마땅히 저의 불연佛緣이 무르익었다고 말해야 할 겁니다. 바로 이때 제가 노스님 한 분을 만나게 되었는데, 노스님께서 저의 상태를 보시고는 이렇게 말씀하셨습니다.

"자네가 나무아미타불만 부른다면 아미타불께서 틀림없이 자네를 구조하러 오실 테니, 분명히 아무 일도 없을 거야."

그 당시 저는 불법에 대해 별로 아는 게 없었지만 노스님께서 이렇게 분명하게 말씀하시는 것을 보고, 또 눈이 너무 아파서 별다른 방법도 없었기 때문에 저는 필사적으로 이 한 구절 '나무아미타불'에게 구원을 요청할 수밖에 없었습니다.

그렇게 해서 두 달 동안의 병가 중에 꼬박 계속해

서 40여일 간 '나무아미타불'을 불렀습니다. 그렇게 45일 정도 되었을 때 어느 날 꿈을 꾸었습니다. 꿈속에서 저는 고향에 있는 고무나무원에 돌아왔는데, 숲속으로 걸어 들어갔더니 노파 한 분과 그 옆에 키가 매우 크고 건장해 보이는 남자 두 분이 보였습니다. 그 노파께서 저를 보시더니 이렇게 말씀하셨습니다. "자네의 눈 속에 거미줄이 있어!" 그러고는 눈 깜짝할 사이에 갑자기 손가락으로 제 눈을 찌르더니 그 속에서 아주 긴 거미줄을 뽑아내는 것이었습니다. 이렇게 저는 깜짝 놀라서 깨어났습니다. 꿈에서 깨어난 후에 저는 마음속으로 은근히 기뻤습니다. '이것은 분명히 염불이 가져다준 감응일 거야. 꿈속의 그 세 분은 서방삼성이 아닐까?' 이로 인해 저는 신심이 크게 증장되어 계속해서 염불을 하였습니다.

대략 또 닷새 동안 염불을 하였는데, 50만 번 부처님 명호를 불렀더니, 저의 눈병은 약을 먹지 않고도 완치되었으며, 얼굴이 변하는 현상 역시 50

일 후에 사라졌습니다. 줄곧 지금까지 60살이 넘었지만 눈은 모두 정상입니다. 그때부터 저는 염불을 시작하여 여태 중단한 적이 없었지요.

주변의 친구들은 늘 이것저것 닦으면서 수많은 법문을 배웠으나 저는 한 번도 참여한 적이 없었습니다. 지금까지 저는 항상 한 구절 나무아미타불만 불렀으며 다른 도량에는 다니지 않았습니다. 그러나 그 한 차례의 눈병은 저로 하여금 한 구절 '나무아미타불'만 부르면 충분하다는 것을 굳게 믿도록 만들었습니다.

(18) 염불로 비인암을 치유하다

나는 염라대왕의 문전에서 다시 돌아온 사람이다. 2007년 몸에 불편함을 느낀 나는 4월 달에 무한武漢에 있는 동제병원에서 검진을 받았는데, 비인암鼻咽癌 말기라는 확진을 받았다.

당시 나는 44세밖에 안 되었기에 살고자하는 욕망

이 아주 강렬하였다. 수명을 연장하기 위해 전 재산을 털어 동제병원에서 8개월 동안 입원치료를 받았다. 약물치료와 방사선치료를 받으면서 각종 치료로 인한 고통을 받았는데, 비용은 약 2천 만 원에 달하였다.

나중에 의사선생님은 사실대로 말할 수밖에 없었다. "일반 환자들은 3, 4개의 치료 코스를 받을 수밖에 없는데, 당신은 완강하게 7개의 치료 코스를 받았으니, 저희들은 더 이상 치료받지 않기를 건의합니다. 첫째는 당신의 가정이 부유하지 않아서 이처럼 높은 의료비용을 지불하기란 당신들에게 있어서 굉장히 힘든 일입니다. 둘째는 설사 아무리 치료한다 하더라도 길어봤자 반년에서 일 년밖에 살 수 없습니다."

어쩔 수 없이 집으로 돌아온 나는 죽음을 기다릴 수밖에 없었다. 질병과 치료 후의 각종 반응들은 나를 아주 고통스럽게 하였다. 다리에 힘이 없어서 길을 걸으려면 지팡이를 의지해야 했고, 눈은 기본적으로 사물을 볼 수 없었으며, 청력聽力도 잃고 말았다. 그래서 마음속으로 이렇게 죽지 못해 살 바에는 차라리 죽어버린다면 자녀들에게 부담을 덜어줄 수 있을 거라는 생각이 들어 자살을 생각하였다.

자살하기 전에 나는 죽은 뒤에 쓸 돈이 없을까봐 두려워 자신에게 많은 지전紙錢을 태워주었다.

나는 독한 마음을 먹고서 단숨에 쥐약 다섯 봉지를 삼켰다. 약의 분량이 적어 죽지 않을까봐 걱정되었기 때문이었는데, 결국은 여전히 며칠을 고생하고 나서 죽지 않았다. 며칠 동안 조금 회복한 나는 다시 남몰래 집에 있는 식칼을 들고 왼쪽 손목을 향해 두 번 세게 내리쳤다. 하지만 다시 가족들에게 제때에 발견되어 병원에 실려 가 여섯 근의 피를 수혈하고 나서 살아났다.

2010년 6월 달에 퇴원하여 집에 돌아와 있는데, 호췌령이라는 친구가 나를 보러 왔다. 그녀는 나를 타이르며 말했다.

"네가 이렇게 고통스러운데, 차라리 나와 함께 염불을 해보는 게 좋겠어. 네가 성심성의껏 염불만 하면 아미타불께서 틀림없이 너의 병을 고쳐줄 거야, 왜냐하면 아미타불은 위없는 의왕醫王이시거든. 그리고 만에 하나 죽는다 하더라도 아미타불의 서방극락세계에 가면 되잖아. 그렇지 않고선 지옥에 갈 수 밖에 없을 거야."

그 당시에 나는 믿는 둥 마는 둥 어쩔 수 없이 불가능한 일에 최선을 다해보겠다는 심정으로 염불을 받아들였다.

뜻밖에 염불을 시작한 뒤에 정말로 기적이 나타났다. 몸은 날마다 가벼워지고 정신 상태는 날마다 좋아졌다. 반년 뒤에 병으로 인한 고통은 기본적으로 사라졌고 두 다리도 힘이 생겨 걸을 수 있었으며, 눈과 귀도 모두 차츰차츰 정상적인 기능을 회복하였다.

2011년 7월, 나는 또다시 무한의 동제병원에 가

서 재검진을 받았는데, 결론은 몸 상태가 양호하다는 것이었다. 나는 또 일부러 당시의 주치의였던 우 교수를 찾아갔었는데, 우 교수는 내가 아직 살아있을 뿐만 아니라 암도 나았음을 보고는 놀라하며 물었다. "기적입니다. 당신은 어떻게 나았습니까?"

내가 말했다. "저는 염불을 하고 있습니다."
내 말을 듣고 난 우 교수는 기뻐서 머리를 끄덕이며 말했다. "염불? 염불이 좋아요! 우리 무한에도 많은 사람들이 염불을 하고 있습니다."
나는 의학적으로 사형을 선고 받고 틀림없이 죽었어야 하는 사람이었는데, 지금 건강하게 살고 있는 것은 아미타불께서 나에게 두 번째 생명을 주셨기 때문이다. 만약에 염불을 하지 않았다면 나는 벌써 지옥에 갔을 것이다.

(19) 어느 백혈병 환자의 염불

역화향易和香은 광동성 자원현 사람이며, 2011년 11월에 불행하게도 백혈병을 앓게 되었습니다. 나중에 어떤 인연으로 불법을 만나게 되어 한편으로 치료를 하면서 한편으로 염불을 하였습니다. 2014년 12월에 재검사를 한 결과 완전히 정상으로 돌아왔습니다.

저는 아미타불께서 저의 생명을 구제해주신 것에 대해 매우 기뻐하고 매우 감은하고 있으며, 저의 체험을 보신 분들께서 하루 빨리 나무아미타불을 부르기를 간절히 바라고 있습니다.

제가 병이 걸리기 한 달 전부터 잠을 자다가 한밤 중이 되면 항상 어렴풋이 어떤 소리가 들렸는데, 제가 남편한테 들어보라고 하였으나 그는 아무런 소리도 들리지 않는다고 말했습니다. 그때 제가 식당 주방에서 일을 하면서 매일 많은 닭·오리·토끼·생선들을 죽여야 했는데, 지금에 와서 다시 생각해보면 아마도 한밤중에 들었던 소리가 바로 그

중생들 영혼의 고함소리였을 겁니다.

처음 병에 걸렸을 때 마음이 몹시 우울하여 인생에 이미 아무런 의미를 느끼지 못하였고 어떻게 살아갈지 막막하였습니다. 한 달 뒤의 어느 날, 저는 17년 동안 얼굴을 못 본 친구의 전화를 받았는데 그 친구의 이름은 역효무易孝武였습니다. 그는 저의 병에 대해 물으면서 결연히 나의 은행계좌번호를 달라고 하더니 당일 날에 바로 600위엔(약 10만원 정도)을 보내주었습니다. 그리고 또 며칠마다 전화를 해서 나의 몸 상태에 대해 묻곤 하였습니다.

이주 뒤에 효무는 나에게 염불을 건의하였습니다. 처음에 제가 부처님에 대해 잘 몰랐기 때문에 그는 매일 최소한 열 몇 통의 문자를 보내주고 몇 번씩 전화하여 나에게 염불의 이익에 대해 설명해 주었습니다. 며칠 뒤에 저는 부처님에 대해 점점 흥미가 생겨 염불하기 시작했습니다.

매번 병원에서 항암치료를 받을 때마다 먼저 허리 디스크 검사를 받아야 했는데, 이때마다 살을 에는 듯한 통증이 있었지만 제가 묵묵히 '나무아미타불'을 부르기만 하면 통증을 느끼지 못했습니다. 항암치료를 받을 때도 저는 '나무아미타불'을 불렀는데 여태껏 항암치료로 인한 불편한 반응이 나타나지 않았으며, 다른 환우들처럼 항암치료만 하면 매스껍고 구토하며 온몸이 무기력하여 음식을 먹을 수 없는 등의 현상이 없었습니다. 염불은 참으로 불가사의합니다! 저의 환우들은 모두 호기심이 생겨 저에게 어떤 비결이 있냐고 물었는데 그때마다 저는 그들에게 자주 '나무아미타불'을 불렀기 때문이라고 일러주었습니다. 한동안 지나서 정성껏 염불하던 환우들의 병세는 모두 차도가 있었습니다.

저와 같은 병실을 사용하던 환우는 여덟 살 된 어린 여자 아이였는데 병이 매우 위중하여 암세포가 이미 온몸에 확산되었습니다. 병마에게 시달리고 있던 여자 아이는 몹시 가련하여 계속 "엄마, 아파……"라며 소리를 질렀습니다. 그녀의 어머니는 속수무책으로 아이를 안고 울기만 하였습니다. 제가 아이한테 염불을 하라고 타일렀는데, 처음에 아이의 가장이 반신반의하다가 나중에 절에 가서 스님께 여쭤보니 스님도 그들에게 염불하라고 건의하였답니다. 그래서 아이의 가족 모두가 함께 정성껏 예불하고 염불하였으며, 또 시장에 가서 숱한 동물들을 사서 방생하였으며 가족 모두가 채식하겠다고 발심하였습니다. 그 뒤로 여자 애의 전신의 통증이 줄어들었습니다.

여자 애는 하루 종일 염불하였는데 한 달이 안 되어서 여자애가 엄마에게 말했습니다. "아미타불께서 저를 극락세계로 데려가러 오실 겁니다." 며칠 뒤에 아미타불께서 여자애를 데려갔습니다. 아이 어머니의 말씀에 의하면 딸이 죽었을 때 머리 부분이 뜨끈뜨끈하였고 그녀의 모습은 본래 모습보다 더 보기 좋았다고 하였습니다. 그 뒤로 아이의 가족 모두가 채식과 염불을 견지하였습니다.

제가 이 얘기를 할머니께 해드렸더니 할머니도 염불을 하였으며 게다가 수십 년이나 된 류머티즘도 호전되었습니다. 저는 매일매일 염불을 견지하였습니다. 한편으로 염불하면서 한편으로 일을 하는데 조금도 힘들다는 느낌이 들지 않았습니다. 부처님의 명호를 들으면서 염불을 하는 저의 마음은 언제나 안정되고 기쁩니다.

염불은 참으로 허공법계의 중생들로 하여금 풍성한 이익을 얻게 해줍니다. 우리가 염불만 하면 부처님의 광명이 우리의 몸에 비치어 우리의 몸과 마음이 건강하고 지혜롭고 선량하고 자비로운 사람으로 바뀌게 해줍니다.

(20) 말기암을 염불로 치유하다

황춘매. 여, 41세, 요녕遼寧 부신阜新 사람이다. 2014년 1월 13일에 부신2병원에서 폐선암 말기

진단을 받은 그녀는 차마 믿을 수가 없었다. 4월 11일, 다시 북경에 있는 종양병원에 갔으나 여전히 폐선암 말기라는 확진을 받았으며, 게다가 3개월밖에 살 수 없다는 통보를 받게 되었다.

느닷없이 들이닥친 액운은 그녀로 하여금 모든 기대가 물거품처럼 사라지고 완전히 절망하게 만들었다. 애들은 아직 고등학교를 다니고 있고, 부모님은 이 소식을 듣고 나서 마음이 찢어지듯 슬퍼하였다. 이때 어떤 불자기 그녀에게 일러주었다. "시험 삼아 염불당에 한번 가보세요." 이제껏 아무런 신앙이 없었던 그녀는 삶에 대한 한 가닥 희망을 품고서 염불당으로 들어갔다.

염불당의 왕 선생님으로부터 불법에 대해 간략한 설명을 듣고 난 그녀는 바로 대중을 따라 염불하면서 교리를 배우기 시작하였다. 그녀는 아미타불이 대자부大慈父이시고, 자신은 부처님의 자식이기에 아미타불께서 절대 자신을 그대로 내버려두지 않는다는 것을 깊이 믿었으며, 이러한 마음가짐으로 매일 즐겁게 염불하고 열심히 법문도 들었다.

이상하게도 그녀의 몸에는 아무런 불편한 증상들이 나타나지 않았다.

그녀가 막 염불을 시작한지 얼마 안 되어서였다. 어느 날 점심시간에 잠깐 잠을 자고 있었는데, 비몽사몽간에 아주 높고도 큰 사람이 그녀의 침대 앞에 서서 이렇게 말하는 것이었다. "사실 당신의 수명은 이미 다 되었다. 그러나 당신이 염불을 하기 때문에 수명이 연장될 터이니, 염불을 잘 하시오!" 이 말이 마치고는 바로 사라져 버렸다.

2014년 5월 15일, 그녀가 부신2병원에 가서 다시 검사를 했더니, 뜻밖에도 결과는 정상에 가까웠다. 눈앞에 있는 말기 암 환자를 바라보던 의사선생은 몹시 놀라하며 이런 일은 어떻게 해석할 방법이 없다면서 연거푸 물었다.
"당신이 환자인가요? 당신에게 어떤 신앙이 있지 않나요?"
그녀가 대답하였다. "제가 환자입니다. 저는 부처

님을 믿습니다."

그렇게 해서 그녀는 바람이 불든 비가 내리든 하루도 빠짐없이 매일 전병차電瓶車를 타고 염불당에 가서 함께 염불수행을 하였는데, 아무도 그녀가 환자인지를 눈치 채지 못했다. 사람들이 도시와 마을에 있는 각 염불지점을 방문하여 소감을 교류할 때마다 그녀도 적극적으로 참가하였다.

9월 달에 그녀가 다시 병원을 찾아서 검사를 하였더니, 불가사의하게도 모든 수치가 완전히 정상으로 회복된 것이었다. 의사로부터 3개월의 수명밖에 남지 않았다는 통보를 받았던 그녀가 4개월 남짓 염불하고 나서 기적처럼 건강을 되찾은 것이었다.

부처님의 은혜에 감사한 마음을 품고서 병원에 들어간 그녀는 다른 환자들에게 자신이 어떻게 해서 병이 나았는지를 설명하고 또 환자들에게 염불을 가르쳐 주었다. 매번 병원에 들어갈 때마다 그녀를 본 간호사와 의사들은 말한다. "저 분은 불교를 믿는 사람이야!" 그리고 또 일부 암환자들이 전화로 연결하여 어떤 비방이 있냐고 물을 때마다 그녀는 그분들에게 아미타불에 대해 말씀드리면서 부처님을 믿고 염불하라고 일러주었으며, 자신의 체험담을 가지고 아미타불의 불가사의한 구제에 대해 간곡하게 설명 드렸다. 지금은 상당히 많은 환자들이 염불을 하고 있으며, 그녀의 많은 친인척들과 친구들도 이미 염불하고 있다.

(21) 염불하여 몸소 극락을 경험하다

저희 오빠이신 허등희許登喜는 대만 까오슝에 살았으며, 생년은 민국31년(1942)이고, 민국94년(2005)년 음력 6월 5일에 왕생하셨으니, 세수로는 64세였습니다. 오빠는 평생 동안 불법을 배운 적도 염불을 해본적도 없어서 불교에 대해 아무런 지식도 없는 사람이라 할 수 있습니다. 그러나 왕생 전에 하신 간단한 몇 마디 말씀은 저로 하여금 굉장히 놀랍고 온몸의 털이 쭈뼛쭈뼛 서게 할 정도였으며, 동시에 저로 하여금 '염불하면 반드시 왕생한다.'는 이치에 대해 결정적인 확신을 갖게 되었습니다.

오빠가 간암을 앓고 나서 왕생하기 약 보름 전에, 저는 매우 걱정되어 간절하게 그에게 '나무아미타불'을 많이 부르시고 전심으로 아미타불의 가피와 구제에 의지하시라고 권해드렸습니다. 기타의 도리는 자신이 아는 바가 별로 많지 않기도 하고, 또 오빠가 믿지 않을까봐 두렵기도 해서 특별히 언급하지 않았습니다.

그 뒤로 매번 만날 때마다 그가 염불을 하고 있는 것 같은 모습을 볼 수가 없었고 정진은 더욱 말할 것도 없었습니다. 그래서 저는 항상 걱정되어 오빠에게 물었습니다.

"염불하고 있나요?"

"하고 있어! 아미타불!"
매번 오빠는 이렇게 답했습니다.

왕생을 하기 하루 전날 아침에, 오빠의 병이 악화
되면서 약간의 고통스런 모습을 보이다가 바로 정
신을 잃고 응급실에 실려 갔습니다. 그러다가 다
음날 아침, 병원에서 갑자기 깨어났는데, 오후에
제가 다시 그를 보러 갔을 때, 여전히 걱정되어
또 다시 "염불은 하고 있어요?" 라고 묻자 그는
여전히 "하고 있어! 아미타불!"라며 답했습니다.
그러면서 또 이렇게 말하는 것이었습니다.
"극락세계의 땅은 모두 황금이야!"
오빠의 이 말은 저를 깜짝 놀라게 하였습니다. 왜
냐하면 오빠는 평생 불법을 배운 적도 없고 정토
교리에 대해 들어본 적도 없었기 때문에 극락세계
의 갖가지 장엄에 대해 모르고 있을 텐데 어떻게
이런 말을 할 수 있겠습니까? 설마 부처님께서 이
미 그를 데리고 극락세계에 갔었단 말인가? 증명
을 하기 위해 제가 물었지요.

"오빠가 봤어요?"

그런데 뜻밖에도 오빠는 곤혹스런 표정으로 반문을 하는 것이었습니다. "그럼 넌 못 봤단 말이냐?"

이 한마디 반문은 저의 마음을 더욱 뒤흔들어 놨습니다. 오빠의 생각에는 제가 삼보에 귀의하고 채식도 하고 불법을 배우고 염불도 하고 도량에 가서 법문도 듣고 법회에 참석을 한지도 이미 몇 년은 됐는데, 며칠 밖에 염불을 하지 않는 그도 볼 수 있는 것을 설마 제가 못 봤겠냐는 것이었습니다. 그가 반문하는 표정과 말투에는 이러한 의미가 포함되어 있었습니다.

옆에 있던 올케가 물었습니다.

"정말요? 그럼 왜 하나라도 가져오셔서 저에게 주지 않았어요?"

이에 오빠는 낭랑하고도 힘찬 목소리로 대답했습니다.

"당신이 극락세계만 가면 뭐가 필요하면 뭐가 있어!"

마지막 이 말은 천둥번개가 머리를 치는 것처럼 온몸의 털이 쭈뼛쭈뼛 서게 했습니다. 이로써 오빠가 이미 극락을 다녀왔다는 것을 확신할 수 있었습니다. 그렇지 않고선 이 몇 마디 말씀을 절대 할 수 없으니까요. 하지만 오빠가 이 말을 할 때는 아주 자연스럽고 아주 평범하며 아주 긍정적이었습니다. 오빠가 불법에 대해 아무것도 모르고 단지 병이 위독하여 염불을 한 것뿐임에도 불구하고 임종 시에 극락을 친견할 수 있었던 것은 저로 하여금 놀랍고 기쁘기도 하면서 또 부끄럽게 하기까지 했습니다. 그날 저녁 무렵, 오빠가 다시 혼미상태에 빠지게 되었는데, 이미 임종이 다가왔으므로 곧바로 집으로 모셔 왔으며, 밤 열시에 숨이 끊어져 극락왕생을 했습니다.

오빠에게 염불을 권하고 나서 그가 왕생할 때까지의 시간은 단지 짧은 보름에 불과했습니다. 그의 염불도 생각나면 하고 생각나지 않으면 하지 않는 정도였습니다. 하루에 숫자 또는 시간을 정해놓고 염불정진을 한 것도 아닌데도 이렇게 여전히 극락왕생할 수 있었습니다. 이로써 어떤 사람도 다만 왕생을 원하는 마음을 갖고 각자의 근기와 인연에 따라 염불만 한다면 모두 극락왕생을 할 수 있음이 증명된 것입니다. 선도대사님께서 말씀하셨듯이 "중생들이 칭념하면 반드시 왕생할 수 있다." 저희 오빠가 바로 이 법어에 대한 믿음을 증명하신 분이었습니다.

(22) 극락에 왕생한 어느 거사

곽아장郭亞章 거사는 어릴 때부터 농사일에 힘쓰면서 살아왔다. 세상을 떠나기 3년 전부터는 농사를 그만두고 양어장만 경영하였다. 그는 위장이 나빠서 자주 고생했는데, 금년 들어 몸이 더욱 쇠약해졌다. 병원에 가서 진찰해보니 위암 말기로 판명되었다. 8월에는 병세가 더욱 악화되었다.

배가 산처럼 부풀어 오르고, 통증 때문에 고통이 심해서 2시간마다 진통제를 맞았다. 병고에 시달리다보니 성미도 호랑이 같이 사납게 변했다. 그런데 그는 자꾸 바다 괴물이 보인다고 말하여 두려움에 떨었다.

그의 아내조차도 문 앞에 원귀들이 머리를 기웃기웃 들이미는 모습을 자주 보았다. 그러던 중 다행히 염불수행을 열심히 하는 스님을 뵙게 되었다. 스님은 고통과 두려움에 떠는 그에게 아미타불 염불을 권했다.

하늘이 준 수명이 아직 다하지 않았으면 조속히 회복할 것이고, 만약 명이 다했다면 아미타 부처님의 영접을 받으며 극락정토에 왕생할 것이라고 하였다. 이 말을 들은 곽 거사는 매우 기뻐하며, 염주를 돌리며 전심으로 아미타불 명호를 부르기 시작했다. 가족들도 모두 그를 도와서 조념염불을 했다. 염불을 시작한 뒤 암으로 인한 통증이 많이 줄어들어서 진통제 주사도 하루에 2번으로 줄어들었다. 그리고 물고기 형상을 한 바다 괴물들의 모습이 더 이상 보이지 않게 되었고 마음도 많이 안정되었다. 닷새 정도 지나고 나서는 침대에서 가볍게 내려와 식사를 하기도 하였다. 그의 방 한쪽 벽에는 세 분의 불보살상을 모시고 있었는데 극락세계를 위호하시는 아미타불, 관세음보살, 대세지보살의 상이었다.

그런데 그 세 불보살상이 빛을 발하는 것을 보고는 자신이 인간세계를 떠날 때가 다가온 것을 알았다.

그는 침대에서 꿇어 앉아 합장 자세를 취했는데, 일생 동안 한 번도 이런 자세를 한 적이 없었다. 합장한 채 염불을 하는 그의 얼굴에는 점차 편안한 미소가 번졌다. 그렇게 평안하게 극락정토에 왕생한 것이다. 숨을 거둔 지 8시간 정도 지나고 나서 몸의 온기가 식었지만 머리 위 백회에는 따뜻한 온기가 남아 있었다. 불룩하게 부풀어 올랐던 배도 쑥들어갔다. 염을 하기 위해서 목욕시키고 옷을 갈아입힐 때 온몸의 관절이 부드럽게 움직였다.

얼굴은 마치 살아있는 듯하였다. 이런 상서祥瑞를

보이는 것은 곽 거사가 극락정토에 왕생했다는 증거다. 장례를 치르고 한 달이 지났을 무렵 온 가족들의 꿈속에 그가 나타났다. 평안하기 그지없는 모습으로 가족을 만나러 온 그의 뒤에 서방 극락세계를 위호하시는 세 불보살님이 계셨다.

(23) 원혼들과 함께 왕생한 어느 스님

보길普吉 스님은 대만 출신의 비구니스님이다. 이 스님은 출가하기 전 속가에 있을 때 나쁜 말로 남 욕하기를 좋아하여 많은 사람들과 악연을 맺었다. 나중에 신죽新竹 청초호靑草湖의 영은사靈隱寺로 출가하여 스님이 되었다. 그런데 어느 날 갑자기 두 눈을 모두 실명하여 장님이 되었다. 70여 세가 되었을 때 다시 병이 들었는데, 온몸이 퉁퉁 부어 올랐다. 그래서 무상無上 선사가 폐관수행하고 있던 금강동으로 찾아가 울며 하소연하였다.

"금방이라도 죽을 것 같습니다. 저를 고해에서 구

제해주십시오, 제발 부탁드립니다."

무상 선사가 부탁을 듣고 보길 스님의 거처에 와 보니 소변을 누고 치우지도 못하여 매우 더럽고 악취가 말도 못할 정도로 심했다.

보길 스님이 울면서 말했다. 10여 명의 원귀怨鬼가 밤낮으로 자기를 때리는데 너무나 고통스럽다고 했다. 심지어 그 원귀들의 이름까지 말하며 구제해주기를 간청했다. 보길 스님에게 속가 남동생의 부인이 병문안을 와 있었다. 무상 선사가 그녀에게 물었다.

"당신의 시누이 되는 저 스님이 부르는 원귀들의 이름을 아십니까."

"모두 스님이 출가 전에 해친 사람들의 이름입니다. 그 사람들이 원혼이 되어 나타나 스님을 때려서 온몸이 부어오르고 살이 터져 피가 흐르는 것도 무리가 아닙니다."

그래서 무상 선사는 보길 스님을 위해 방을 청소하고 침대 한 가운데 구멍을 내고 그 아래에 통을 놓아 대소변을 받을 수 있게 하였다. 보길 스님은 여전히 고통스럽게 울고 짖으며 몸부림치다가 그 구멍 속으로 머리를 집어넣고 했다. 이를 지켜보던 무상 스님이 간곡함 음성으로 말했다.

"스님이 직접 아미타 부처님을 염하며 서방극락정토 왕생을 구하여야 비로소 이고득락離苦得樂할 수 있습니다."

"눈앞이 캄캄해서 염불을 할 수가 없습니다."

"그러면 내가 하는 염불을 따라서 하십시오."

그렇게 염불을 시작했는데 한 시간 가량 지나자 보길 스님이 갑자기 기쁨에 찬 얼굴로 말했다.

"지금 제 앞에 밝은 광명이 보입니다. 나를 때리며 괴롭히던 그 10여 명의 원귀들이 저쪽에 서서 웃고 있습니다."

그때 그 원혼들이 보길 스님의 몸을 빌어서 말했다.

"무상 스님의 자비에 감사드립니다. 지은 죄업이 막대한 저 앞 못 보는 노인네가 뜻밖에 저희들을 고통에서 구제해주었습니다."

이 말을 듣고 무상 스님이 말했다.

"원한은 풀어야 되지 맺으면 안 됩니다. 당신들도 함께 따라서 아미타불을 염하십시오. 그러면 죄업이 있더라도 극락정토에 왕생하여 비로소 생사의 큰 고통에서 벗어날 수 있습니다."

그리고 보길스님에게도 경건한 마음으로 따라서 함께 염불하게 하였다. 다시 한 시간 남짓 염불을 계속하였다.

"지금 온 천지에 광명이 가득합니다. 저 구름 위에 흰 옷을 입은 성스러운 분들이 우리들을 영접해서 서방극락세계로 갑니다."

보길 스님은 이렇게 말하며 합장한 채 입가에 미소를 머금고 평안하게 왕생하였다. 부풀어 올랐던 스님의 몸도 원래대로 되돌아오고 조금도 나쁜 냄새가 나지 않는 상서가 보였다.

(24) 선 채로 왕생한 왕일휴 거사

왕일휴王日休 거사는 용서龍舒 사람인데 품행이 단정하여 젊어서 국학國學에 임명되었다. 그러나 문득 "서방정토에 귀의하는 것이 최고 제일이로다." 하고 탄식하였다. 이때부터 베옷에 채소밥을 먹으며 매일 천배千拜 하는 것을 일과로 삼았다.

어떤 사람이 말하기를,
"그대는 이미 마음이 순일純一한데 더 고행을 할 것까지야 없지 않습니까?"
하니 이렇게 대답하였다.
"경經에 말하기를, 적은 복덕을 닦은 인연으로는 정토에 왕생할 수 없다 하였으니 한마음으로 고행하지 않는다면 어찌 왕생한다고 보장할 수 있겠소?"

왕 거사는 집에 있을 때에도 매우 엄격하게 계율을 지켰으며 앉아서는 반드시 좌선을 하고 누울 때는 의관을 흐트러뜨리지 않았다. 얼굴과 눈에서는 빛이 났으므로 보는 사람들은 그를 도인이라고 믿었다. 그가 세상을 떠나려 할 때 두루 친지들과 작별하면서 염불수행을 힘써 닦으라고 부탁하였다. 밤이 되자 소리를 가다듬어 부처님의 명호를 부르다가, "부처님께서 나를 맞으러 오신다!"고 외치며 우뚝 선 채로 세상을 떠났다.

(25) 어리석은 사람도 왕생하다

청나라 왕치두王癡頭는 직례直隷사람이다. 성품이 너무나 어리석어 부모를 여의고 끼니조차 해결하기 어려웠으며, 고단할 때는 다 쓰러져가는 움막집에 누워 생계를 꾸려나갈 방법이 없었다. 사람들이 그에게 돈을 주면 그 돈의 액수조차 분별하지 못했다.

이를 불쌍히 여긴 진 도인陳道人이 자신의 제자로

받아들여 매일매일 바닥을 쓸고 땔감을 주워오게 하였다. 저녁기도는 부처님명호 수백 번을 부르면서 향 한 자루 다 탈 때까지를 기한으로 하였다. 왕치두는 염불을 하면서 운율을 맞추지 못하고 매번 꾸벅꾸벅 졸고 있었는데, 그때마다 진 도인은 긴 막대기로 때리면서 말했다.

"너는 이처럼 어리석으면서도 부지런히 정진할 줄 모르느냐?"

이렇게 3년이 지난 어느 날 저녁, "하하" 하고 크게 웃는 것이었다. 진 도인이 또 때리려 하자 왕치두가 말했다.

"오늘은 저를 때릴 수 없습니다."

그 이유를 묻자 이렇게 답하였다.

"스승님은 18년 동안을 덧없이 앉아 계시기만 하셨으니, 수행방법을 모르시는 것입니다. 만약 저처럼 성실하게 예배하고 염불하였다면 벌써 극락왕생하여 부처님을 친견하셨을 것입니다."

진도인은 이상하게 여겼으나 무슨 말인지 알 수가 없었다. 이튿날이 되자 왕치두는 가파른 낭떠러지에 올라 서방을 향해 합장한 채로 왕생하였다. 다비를 하니 사리 2과果가 나왔다.

(26) 20년 간 매일 1만번 염불한 손량孫良

송宋의 손량은 전당錢塘사람이다. 세상 밖으로 나가지 않았으며 대장경을 열람하였는데, 특히 화엄경의 종지宗旨를 얻어 일생 거처하는 곳마다 지송하기를 그치지 않았다. 뒤에 대지大智 율사에게 보살계를 받았고, 매일같이 나무아미타불 염송을 만번이나 하였는데, 이것이 거의 20년이나 되었다.

하루는 집안사람들에게 명하여 스님을 초청해 염불하게 하였고, 반 식경쯤 지나자 허공을 보며 합장하고 말하였다. "여러 부처님들께서 이미 강림하셨다." 하고는 그대로 숨을 거두었다.

(27) 법화경을 염송하고 왕생한 범엄范嚴

송(宋)의 범엄은 항상 채식을 하였고 세상의 인연에 담박하였다.

"나는 본래 잠시 머무는 나그네일 뿐이다." 하고는 매일 법화경을 염송하였고, 또 직접 한 부를 사경寫經하여 아름답게 장식하였다. 어느 날 홀연히 여섯 어금니를 가진 흰 코끼리를 탄 보현보살께서 나타나 금색 광명을 놓으며 말하였다.

"그대가 일찍이 법화경을 염송하고 아미타불을 불러 정토에 왕생하게 되었기에 이렇게 알려 주러 왔노라."

하룻밤 지나 여러 성중聖衆이 손을 내미는 모습을 보고는 자리에 앉아 합장하고 서거하였다.

(28) 관음 염불로 풍랑에서 살아난 복만수

송宋의 복만수는 평창 사람이다. 문제文帝 때인 서기 442년 광릉에 있으면서 위부참군衛府參軍이 되었는데, 휴가를 청해 주州로 돌아오게 되었다.

새벽에 강을 건너기 시작할 때에는 긴 파도에 물살도 잔잔했는데, 중간쯤 오자 바람이 화살처럼 불어 닥쳤다. 이때 칠흑같이 캄캄하기까지 해서 어느 방향으로 가야 할지를 몰랐다. 복만수는 오직 일심으로 관세음보살에게 목숨을 맡기고 입으로 염불을 끊임없이 했다. 그러자 같이 배에 탔던 사람들이 동시에 북쪽 언덕에 있는 불빛을 보게 되었는데, 그 모습이 마치 마을에서 나오는 불빛 같았다. 배를 돌려 그곳을 향해 나아가 아침이 오기 전에 닿을 수 있었다. 그 언덕에 사는 사람들에게 누가 불을 피웠는지를 물어보자 다들 불을 피운 집이 전혀 없었다고 대답하였다. 그때서야 부처님의 위신력이었다는 것을 알아차렸다.

(29) 아들로 태어난 아버지의 원수

대만에 부모님과 아들 내외가 화목하게 사는 집안이 있었다. 이 가정은 대대로 부처님을 독실하게 믿었으며 육식을 하지 않고 오신채까지도 먹지 않았다.

가족들은 모두 건강하였고 재산도 넉넉하였으며 집안에는 웃음소리가 끊이질 않았다. 아들 내외가 혼인한 지 2년이 채 안 되어 손자가 태어났는데, 손자가 얼마나 예쁘고 건강한지 주변 사람들이 다 부러워하였다.

아들은 대만 최고 대학인 국립 타이완대학교를 우수한 성적으로 졸업하여 대만에 있던 외국계 회사에 특채되었고, 아내 역시 대만의 명문대학교인 국립 성공대학교成功大學校를 졸업한 후 대만은행에 발탁되어 은행원으로 일하고 있는 재원才媛이었다.

그런데 호사다마好事多魔라고 했던가. 영원히 행복

할 줄만 알았던 그 집안에 불행이 들이닥쳤다. 무탈했던 손자가 갑자기 죽은 것이었다. 병명은 급성 패혈증!

손도 써보지도 못하고 병원에 입원한 지 3일 만에 갑자기 죽은 손자⋯ 그 집안은 이제 정상이 아니었다. 식음을 전폐하고 사흘 내내 곡소리가 떠나지 않았으며 다들 실성한 사람들처럼 보였다. 집안 분위기는 사형장처럼 무겁게 가라앉았으며 곧 귀신이라도 나올 듯 황량하고 을씨년스러웠다.

도대체 이 일을 어떻게 이해해야 할 것인가. 부처님을 독실하게 믿어 온 집안에 이런 횡액이 왜 생기는 것인가. 집안사람들은 도저히 이해가 되질 않았다. 뿐만 아니라 주변 사람들까지도 그들을 이상한 눈초리로 바라보았으며, 일부는 부처님을 비방하면서 불교는 미신이라는 말까지 하곤 했다.

그러던 차에 그 집안의 먼 친척 되시는 분께서 신통한 능력을 갖춘 스님이 계시는데 그 스님에게 한 번 찾아가 보자는 말을 꺼냈다. 그래서 아이의 부모 되는 부부가 날을 잡아 그 스님을 방문하였다.

그 스님은 청정한 비구승으로서 오랫동안 수행을 해온 탓에 오신통五神通을 얻으신 분이었다. 그 스님은 부부 내외가 올 것이라는 것을 이미 알고 계신 듯하였다.

부부가 스님 앞에서 삼배를 정성스럽게 올리는 동안 그 스님은 얼굴에 미소를 띠고 계셨다. 부부는 앉자마자 그동안의 자초지정을 말씀드리고는 스님의 답변을 기다렸다.

스님은 웃기만 하시더니, "참 잘된 일입니다." 하였다.

"잘 되다니요?"

"당신네 아이가 죽지 않았습니까? 그게 참 잘된 일입니다."

"스님, 우리 아이가 죽은 것이 잘된 일이란 말씀입니까?"

"그렇습니다."

"어째서입니까?" 남편은 얼굴에 노기를 띠며 스님을 쳐다보았다.

"당신의 아버님은 젊으셨을 때 무슨 일을 하셨습니까?"

"우리 아버지는 장사를 하셨습니다. 처음엔 일이 잘 안 풀려 고생을 좀 하셨지만, 곧 잘 풀려 돈을 많이 버셨습니다. 그게 이 일과 연관이 있습니까?"

"그렇습니다."

"아버님으로부터 다른 말씀은 못 들으셨습니까?"

"예. 들은 것이 없습니다. 우리 아버지는 성격이 너그럽고 온순하신데다 남을 돕는 일에 적극적이셨습니다. 주변 사람들도 다 아버지를 존경하셨고요."

"당신 아버지께서는 젊었을 적에 친구 분과 동업을 하셨습니다. 수익이 나면 무조건 절반씩 나누기로 약속을 하고 말입니다. 사업이 초기에는 잘 안 됐지만, 곧 술술 풀리기 시작했지요. 그러자 버는 돈도 빠르게 늘어만 갔습니다. 웬만한 사람은 만져볼 수도 없는 돈을 단기간 내에 벌었으니까요. 그런데 이때 당신 아버님에게 흑심이 생겼습니다. '친구가 없으면 이 많은 돈을 내가 독차지 있을 텐데…' 하는 마음 말입니다. 그래서 결국 친구 분을 죽이기로 결심합니다. 아무도 모르게 말이지요. 친구 분은 그야말로 철저히 믿었던 친구한테 배신을 당한 셈이지요. 친구 분이 죽어갈 때 당신 아버님을 많이 증오하였습니다. 그리고는 '내가 네 손자로 태어나 너한테 복수를 할 것이다.'라는 저주를 가슴에 묻고 절명했습니다. 그 친구 분이 바로 당신의 아들로 태어난 것입니다."

"도저히 믿기가 어렵군요. 저희 아버지가 그런 분이라니…"

"집에 돌아가시면 아버님께 물어보시기 바랍니다. 다만, 아버님한테 화를 내시거나 해를 가하거나 증오하시는 일 등은 삼가시기 바랍니다. 이것이 다 인연소생이자 인과응보입니다. 머나먼 전생에까지 눈을 돌려보면 인과因果 아닌 것이 없습니다. 이렇게만 말씀드리지요."

"그런데 궁금합니다. 하필 제 아들이 왜 죽은 것입니까? 잘못은 아버지가 하셨는데 왜 제 아들이 죽은 것입니까?"

"아버님 친구 분은 당신 아들로 태어나 줄곧 복수하기만을 기다리고 있었습니다. 하지만 당신 집안이 부처님을 독실하게 믿고 있었고, 게다가 채식을 하였으며, 틈나는 대로 염불수행을 하였기 때문에 복수할 틈을 얻지 못했던 것이지요. 만약 당신 집안이 부처님을 믿지도 않고 육식을 즐기며 염불도 하지 않았더라면, 당신 아이는 무럭무럭 자라서 나이 16살이 되었을 때 집안에 큰 풍파를 몰고 왔을 것입니다. 집안에 피바람이 일고 재산은 전부 탕진하며 형제들끼리 서로 죽이고 저주하는 등 큰 사단이 일어났을 겁니다. 다행히 당신 집안 사람들이 심성이 착하고 남을 도와주는 일에 발 벗고 나섰으며 염불수행을 많이 했기 때문에, 아이가 복수를 포기하고는 죽어버린 것입니다. 이제 그 아이와는 다시는 만날 일이 없을뿐더러 당신들이 그 아이를 위해 진실하게 기도하면 그 아이는 곧 해탈하여 천상에 태어날 것입니다."
"불법이 이토록 불가사의하군요. 정말 믿기 힘든
일이지만, 저는 스님의 말씀을 다 믿습니다. 감사
합니다."

아들은 집으로 돌아가 아버지께 조용히 지난 과거
일을 물었으며, 아버지는 스님의 말씀이 한 치도
틀리지 않다는 것을 보여 주었다. 아버지도 친구
를 죽인 일을 늘 후회하고 있었으며, 늘 죽은 친
구를 위해 염불을 해 왔다고 고백하였다.
아들은 아버지의 허물을 덮고는 더 이상 꺼내지
않았다. 그리고 불법이 이토록 심오하고 불가사의
하다는 것을 깨달았으며, 앞으로는 어려운 사람들
을 위해 더욱 열심히 일할 것과 늘 염불수행과 채
식을 병행하면서 살아가기로 다짐하였다.

일체유정 이번생에 왕생하여 부처되면
보현행원 뛰어넘어 저언덕에 오른다네
이러하니 많이듣고 널리배운 대승보살
응당나의 가르침과 여실한말 믿을지라

이와같이 미묘법문 다행히도 들었으니
어느때나 염불하여 환희심을 낼지어다
수지하여 생사윤회 중생널리 제도하니
이사람이 참선우라 부처님 말씀하시네
　　　　　　　　　　　　　-무량수경

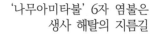

'나무아미타불' 6자 염불은
생사 해탈의 지름길

만약 발심하여 염불 한다면,
일념의 염불[一念念佛]이
일념의 깨달음[一念覺悟]이고,
염념의 염불[念念念佛]은
염념의 깨달음[念念覺悟]이다.

범부가 윤회를 벗어나는 지름길
《불력수행》

– 정토도언 · 불법도론 · 염불론 · 선사들의 염불법문

정전스님 편역 | 신국판 | 무선 | 흑백 | 308쪽 | 12,000원

일생에 육도윤회를 벗어나 성불하는 지름길

어떤 중생이나 여러 생을 지내지 아니하고
일생에 염불한 공덕으로 육도윤회를 벗어나
극락세계에 왕생하여 아미타불의 설법을 듣고
필경에는 성불하는 법문이 연종蓮宗법문이다

《불멸不滅의 길 연종집요》

홍인표 지음 | 150 * 210 | 부분 컬러 | 254쪽 | 12,000원

동물왕생불국기

1판 1쇄 펴낸날 2016년 4월 7일
1판 2쇄 펴낸날 2016년 10월 26일
개정증보판 1쇄 펴낸날 2016년 12월 22일
개정증보판 2쇄 펴낸날 2017년 6월 16일

번역 정전 스님 **발행인** 김재경
기획 이유경 **편집** 김성우 **디자인** 최정근
마케팅 권태형 **제작** 대명인쇄
펴낸곳 도서출판 비움과소통(blog.daum.net/kudoyukjung)
　　　경기 파주시 야당동 191-10 예일아트빌 3동 102호
　　　전화 02-2632-8739 팩스 0505-115-2068
　　　이메일 buddhapia5@daum.net
출판등록 2010년 6월 18일 제318-2010-000092호

© 정전 스님
ISBN 978-89-97188-94-9 03220

※ 책값은 뒤표지에 있습니다.
※ 전법을 위한 법보시용 불서는 저렴하게 제작·보급해 드립니다.
　 다량 주문시 표지·본문 등에 원하시는 문구(文句)를 넣어드립니다.

畫家陳士侯提供